Jacob von Isaac (David Ben Zwi)
*1736 Holland
+1798 Birnbaum
kommt 1773 in die Gegend von Tütz

⚭

Karoline
+1828

Johanna Joske
*1764
+1817

David Tietz
*1773
+1850

⚭

Golde Lewin
*1773
+1833

Isaac Tietz
*1779
+1880

⚭

Henriette Auerbach
*1799
+1862

„Reiche Linie" Firma Gebr. Tietz
Posamentier- und Kurzwarenhandel
1813 in Birnbaum gegründet

Salomon, Hirsch Tietz
* 1796 Birnbaum
+1859 Birnbaum

⚭ 2. Ehe

Esther Beer
*um 1810 Birnbaum
+im Alter von 74 Jahren

„Arme Linie"

Rosa Tietz
*um 1832
Birnbaum
+1867
Memphis, USA

⚭

Samuel Meyer Graupe
*um 1830
+1873
Memphis, USA

Johanna Tietz
*1835
Birnbaum
+1879
Birnbaum

⚭

Benjamin Friedeberg
*07.09.1830
Birnbaum
+1916
Saarbrücken

Hermann Tietz
*29.04.1837
Birnbaum
+03.05.1907
Berlin

⚭

Julie Pincus
*um 1850
+14.01.1881
Prenzlau

Chaskel Tietz
*15.04.1841
Birnbaum
+28.06.1907
Bad Kissingen

⚭

Mathilde Bresch
*23.03.1848
+07.06.1922
Berlin

Moses Tietz
*1843
Birnbaum

Julius Tietz ∗
*21.04.1844
Birnbaum
+25.02.1911
Berlin

⚭

Jenny Tietz geb. Tietz

Heinrich Tietz
*21.05.1847
Birnbaum
+02.06.1876

Markus Tietz
*20.07.1849
Birnbaum
+09.09.1901
Bamberg

⚭

Julie Baumann
*03.09.1853
Birnbaum
+05.08.1930
Frankfurt a.M.

Sally Graupe

Betty Rebekka Tietz ∗ **geb. Graupe**
*08.10.1864
Washington DC
+05.10.1947
New York

Zwillinge
Rosalie & Ernestine Tietz
*04.01.1881
+06.01.1881
Prenzlau

Salo Tietz
*17.02.1874
Prenzlau
*03.01.1944
Theresien-
stadt

Georg Tietz
*18.08.1881
Prenzlau
*03.03.1896
Prenzlau

…alie …czinka | **Eva Wronker** | **Amalie Gold-schneider** | **Ida Wronker** | **Regina Cohn**

Selma Cohn | **Regina Klop-stock** | **Hedwig Dzialos-zynski** | **Elsa Dzialos-zynski**

Antonie Ephraim | **Arthur Tietz** | **Ella Gerst** ⚭ **Gustav Gerst** | **Johanna Tietz**

DAS tietz
CHEMNITZ

Die Deutsche Bibliothek – CIP-Einheitsaufnahme
Das Tietz Chemnitz
Mit 230 Abbildungen
Konzeption und Redaktion: Jörn Richter
Lektorat: Heike Brümmer
Gestaltung: Regine Bartel
Satz: Medienservice Chemnitz GmbH
Druck: Süddruck Neumann GmbH & Co. KG, Plauen

Verlag Heimatland Sachsen GmbH Chemnitz
post@heimatland-sachsen.de
www.heimatland-sachsen.de

2. unveränderte Auflage
Chemnitz 2005

ISBN 3 - 910 186 - 48 - 3

DAStietz

CHEMNITZ

VERLAG
Heimatland Sachsen
CHEMNITZ

Inhaltsverzeichnis

Subskribenten

Birgit Ackermann, Sonja Belz, *Chemnitz*; Falk Bertram, *Niederwiesa*; SR Dr. Heinz Böttrich, Raimon Brete, *Chemnitz*; Ulf Drechsel, *Burkhardtsdorf*; Kristina Ebersbach, Jürgen Eichhorn, Egmont Elschner, H.-J. Feldmann, *Chemnitz*; Steffani Föhse, *Niederwiesa*; Dr. Eckart Fromm, Ruth Gerber, *Chemnitz*; Christian Grosse, *München*; André Grübler, *Chemnitz*; Dr. Carl H. Hahn, *Wolfsburg*; Jürgen Hanke, *Kronach*; Christine Heinze, Kerstin Hellmich, *Chemnitz*; Dr. Roland Hengst, *Braunsdorf*; Helmut Hennicke, Rudolf Holze, Jörg Ivandic, Christa Kahle, Tilmann Keith, Herbert Kempen, Steffen Kemter, Andrea und Bernd Kippig, Cornelia Klug, Hartmut Koch,*Chemnitz*; Dr. Walter Köckeritz, *Dresden*; Gerda Kreißig, Kunst für Chemnitz e. V., Thomas Lippold, Dr. Frank Löffler, *Chemnitz*; Frank Lösce, *Uhlsdorf*; Volker Lungwitz, Frank Meinert, Ralf W. Müller, *Chemnitz*; Dr. Helmuth Neupert, *Dresden*; Reiner Nitzsche, *Chemnitz*; Eike Ohser, *Neumünster*; Günter Otto, *Chemnitz*; Elfriede Prokesch verw. Türbe, *Köln*; Prof. Christian und Prof. Petra Radehaus, Dagmar Ranft-Schinke, Waltraud Raubold, *Chemnitz*; Gerhard Ritter, *Stollberg*; Martin Rosner, *Niederwiesa*; Steffen Rudolph, *Berlin*; Dr. Andreas Schmalfuß, *Chemnitz*; Verona Schraepler, *Osterholz-Scharm*; Rainer Maria Schubert, Dr. Volker Schubotz, Dr. Thomas Schuler, Gunter Schulz, *Chemnitz*; Klaus Schuricht, *Bad Kissingen*; Hans-Georg Stelzner, Hans Sternberg, Steffi Stiefel, Rolf und Roswitha Titscher, Rosemarie Treiber, Detlef Walther, *Chemnitz*; Wolfgang Weidlich, *Frankfurt/Main*; Werner Wendisch, Dr. Volker Wittig, Matthias Wolff, *Chemnitz*.

Architekturbüro Fleischmann und Kasperek, *Chemnitz & Nürnberg*;
Jens Beyer Akustik- und Trockenbau, *Chemnitz*;
C & E Consulting and Engineering GmbH, *Chemnitz*;
FMK Finanzdienstleistungen GmbH, *Chemnitz*;
Hanse Haus GmbH, *Chemnitz*
IBB Ingenieurbüro für Brandschutz VBI, *Leipzig*;
IBM Ingenieurbüro für Arbeitssicherheit und Unternehmensbetreuung, *Zeithain*;
Konsumverband eG, *Berlin;*
Maler Schlegel GmbH, *Chemnitz*;
Mawedur Fachbetrieb, *Reichenbach*;
MSR Elektronik, *Limbach-Oberfrohna*;
Bau und Dienstleistung Jürgen Plietz, *Schönfels*;
Projektierungs- und Verwaltungsgesellschaft Tietz Chemnitz mbH, *Chemnitz*;
Reifenservice Hofmann, *Chemnitz*;
Heiko Rainer Sicherheitsfachgeschäft, *Stollberg*;
Schindler Aufzüge und Fahrtreppen GmbH, Niederlassung Erfurt-Chemnitz;
Secus Dienstleistungs GmbH, *Chemnitz*;
ThyssenKrupp Aufzüge Nordost GmbH, *Chemnitz*;
Vermessungsbüro Steffen Oertelt, *Chemnitz*;
Wolff & Müller GmbH & Co. KG, *Leipzig;*
Elektro Vieweg KG, *Chemnitz*.

Vorwort

1912/1913 vom Architekten Prof. Wilhelm Kreis für die Warenhauskette des jüdischen Familienunternehmens Tietz entworfen und gebaut, war das Chemnitzer Warenhaus H. & C. Tietz mit seiner Stahlbetonskelettkonstruktion und der dekorierten Natursteinfassade nicht nur charakteristisch für die modernen deutschen Warenhäuser der Jahrhundertwende, sondern auch über viele Jahrzehnte fester Bestandteil des städtischen Lebens in Chemnitz.

Als man Ende der 1990er Jahre in Chemnitz begann, das unmittelbare Stadtzentrum neu zu gestalten, war man sich einig, dass die „neue" Innenstadt eine harmonische Symbiose aus alter und moderner Architektur bilden sollte. Lebendigkeit, so ein gedanklicher Ansatz der Planung, werde nicht zuletzt auch durch Vielfalt bestimmt. Neubauten, wie die Galerie Roter Turm, die Rathaus-Passage oder das „gläserne Kaufhaus" von Helmut Jahn sollten die Moderne präsentieren, zugleich aber auch Raum lassen, historische Gebäude wie das Rathaus, den Roten Turm und die beiden Warenhäuser Tietz und Schocken zu integrieren.

Mit dem Umzug der Chemnitzer Kaufhof-Filiale in das neue „gläserne Kaufhaus" im Jahre 2001 war es als Signal für eine kontinuierliche Innenstadtentwicklung wichtig, das Tietz nicht nur als historische Stadtkern-Immobilie zu erhalten, sondern zugleich auch wieder mit neuem Leben zu füllen. Mit einem innovativen Konzept hat sich die Grundstücks- und Gebäudewirtschafts-Gesellschaft m. b. H. in Zusammenarbeit mit der Stadt Chemnitz dieser Aufgabe gestellt. Mit dem Tietz ist ein Haus der Kultur, Bildung, Aktion, Kommunikation und Information entstanden, das in seiner Art deutschlandweit einzigartig ist. Vom Warenhaus H. & C. Tietz zum „DAS tietz" – das ist lebendige und erlebbare Geschichte mitten im Chemnitzer Stadtzentrum.

Peter Naujokat

Geschäftsführer
Grundstücks- und Gebäudewirtschafts-Gesellschaft m. b. H.

Geleit

Während der vergangenen 15 Jahre veränderte die Chemnitzer Innenstadt mehrfach wesentlich ihr Gesicht, gewann an Qualität und füllte sich mit neuem Leben. Mit der Eröffnung des neuen Kulturzentrums im Tietz ereignet sich ein Novum in der Stadtmitte – hier verändert sich nicht das Antlitz, sondern die Seele. Ein altes Gebäude erscheint im neuen Glanz und beherbergt vier traditionelle Institutionen, die durch ihre Zusammenführung in einer neuen Einheit neue Funktionen erhalten und zugleich ihre Ausstrahlung vervielfachen.

Das Naturkundemuseum, die Stadtbibliothek und die Volkshochschule als städtische Einrichtungen bekommen endlich ein zeitgemäßes und räumlich adäquates Zuhause. Mit der Integration der von der Neuen Chemnitzer Kunsthütte getragenen „Neuen Sächsischen Galerie" erweitert sich das kulturelle Spektrum auch noch um eine künstlerische Komponente, insbesondere die Komponente der zeitgenössischen und der sächsischen Kunst. Und insgesamt wird ein Rahmen geschaffen, in dem die Chemnitzerinnen und Chemnitzer lernen, erleben, einander begegnen und sich wohl fühlen können.

Allein wenn man die bisherige Besucherfrequenz der vier einzelnen Einrichtungen addiert, kommt man auf mindestens durchschnittlich 2 000 Nutzungen an einem Tag. Aber das Tietz hat die Chance und die erklärte Absicht, mit seinen Veranstaltungen in den einzelnen Sparten auch Menschen anzuziehen, deren Interesse sich bislang nur auf einen der beteiligten Bestandteile konzentrierte – so können die Besucher der Stadtbibliothek spannende Vernissagen der „Neuen Sächsischen Galerie" entdecken oder die Nutzer der Volkshochschulkurse interessante Vorträge des Naturkundemuseums. Insgesamt wird erwartet, dass das Tietz von Anfang an die größte kulturelle Einrichtung der Stadt darstellen wird.

Und auch die Kontinuität bleibt nicht auf der Strecke. Im Jahre 1869 waren die Chemnitzer Kunsthütte – die Vorgängerin des Trägers der „Neuen Sächsischen Galerie" –, die naturkundliche Sammlung und die Stadtbibliothek in der ehemaligen Lechlaschen Villa gemeinsam unter einem Dach und 135 Jahre später sind diese Bildungseinrichtungen erneut im Tietz vereint. Ein besonderer Aspekt ist, dass der wichtige Partner Volkshochschule sowie Handel und Gastronomie hinzukommen. Diese Vernetzung wird auch für die Stadtbibliothek völlig neue Potenziale und Synergien freisetzen. So bleibt das Haus der wichtigen Devise der Chemnitzer Innenstadterneuerung treu, Innovation mit Kontinuität zu verbinden.

Dr. Peter Seifert

Oberbürgermeister
Stadt Chemnitz

Einleitung

Der Name Tietz ist in der Region Chemnitz mit einem legendären Image verbunden. Er geht auf das 1903 gegründete Warenhaus H. & C. Tietz zurück und reflektiert über 100 Jahre Stadtgeschichte. Selbst nach der Pogromnacht 1938, den Kriegszerstörungen 1945 und ab den 1960er Jahren als das Haus unter den Namen HO Zentrum, Centrum Warenhaus und Kaufhof firmierte, benutzten die Menschen weiterhin den Namen Tietz für das prachtvolle Gebäude.

So kann die Entscheidung der Stadt nur begrüßt werden, für das neue Haus der Kultur, Bildung, Aktion, Kommunikation und Information mit Volkshochschule, Stadtbibliothek, Museum für Naturkunde und Neuer Sächsischer Galerie an die traditionsreiche Bezeichnung Tietz anzuknüpfen. Um die Kontinuität des Gebäudenamens zu wahren und es doch mit seinem neuen Inhalt besser von der Warenhaustradition zu unterscheiden, erhält das Tietz nun den unverwechselbaren Schriftzug „DAS tietz" als Logo und wird damit zu einem neuen Markenzeichen von Chemnitz.

Obwohl jeder in Chemnitz den Namen Tietz mit dem ehemaligen Warenhaus im Stadtzentrum verbindet, stellen sich doch einige weiterführende Fragen: Was war das Tietz? Wer war Tietz? Was ist „DAS tietz"? Um darauf Antworten zu finden, wurde durch den Verlag das vorliegende Buch konzipiert, zu dessen Erarbeitung sich dankenswerterweise zahlreiche Autoren bereit fanden.

Das Tietz wurde bereits zu seiner Eröffnung als ein Haus der Superlative beschrieben. Mit der Einweihung am 23. Oktober 1913 eroberte das Warenhaus H. & C. Tietz als „größtes und vornehmstes Geschäftshaus Sachsens" die Herzen der Chemnitzer.
Als es nach einer ersten, fast fünfjährigen Sanierung am 28. März 1963 als das „modernste Warenhaus der DDR" eingeweiht wurde, strömten am ersten Tag 37 000 Kunden in das Bauwerk.
Mit der Einweihung als „DAS tietz" am 23. Oktober 2004 hat Chemnitz ein einzigartiges modernes Kulturzentrum erhalten, welches – wie in den Jahrzehnten vorher – wie ein Magnet die Menschen anzieht. Hier gibt es jetzt zwar nicht mehr ein riesiges Angebot an Waren zu kaufen, doch ist das Haus heute ideal dafür ausgestattet, um in ihm Kultur, Bildung und Wissenschaft auf anregende und komfortable Art und Weise zu konsumieren.

Während zu anderen großen deutschen Warenhauskonzernen wie Wertheim oder Karstadt bereits fundierte Arbeiten vorliegen, steht dies zu Tietz noch aus. So ist es ein besonderes Anliegen des Buches, die Tietz-Geschichte, sofern es sich um Chemnitz handelt, zu beleuchten. Dies wird sowohl

Blick auf das Tietz in der Morgensonne, 2004.

Fassade Wiesenstraße mit Balkon und Skulptur von Johannes Knubel, 2004.

in Richtung der Tietz-Familiengeschichte als auch der Tietz-Warenhausgeschichte unternommen. Auf den ersten beiden Vorsatzseiten ist zum ersten Mal eine Tietz-Deszendenztafel veröffentlicht, welche den Leser durch die schwierigen, weit verzweigten Familienbande der Familie Tietz führt. Neben zahlreichen Recherchen gründet sie sich auf eine Ahnentafel, die Max Baumann, ein Schwager von Leonhard und Markus Tietz, vor ca. 100 Jahren erstellte. Bewusst wurde dabei der Familienzweig von Salomon Hirsch Tietz berücksichtigt, dessen Kinder und Enkel die bedeutenden Warenhaus-Unternehmen Leonhard Tietz AG, später Kaufhof, Herman Tietz, später Herti, sowie H. & C. Tietz in Chemnitz gründeten.

Der interessierte Leser erfährt aus dem Buch umfangreiche Fakten zur Baugeschichte des Hauses sowie viele bisher unveröffentlichte Details über die Architektur sowie den Architekten des Bauwerkes, Wilhelm Kreis.
In dem Band wird die heimtückische Ermordung des Tietz-Geschäftsführers Hermann Fürstenheim erzählt und welche Entwicklungen sich im Gebäude nach seiner Schließung 1938 vollzog. Besondere Beachtung finden die erste Sanierung in den 1960er Jahren sowie der Werdegang des Hauses als Centrum Warenhaus bis zur Nutzung durch die Kaufhof AG.

Ein eigenständiger Beitrag ist der abgeschlossenen Sanierung und dem Umbau zum heutigen Kulturzentrum gewidmet. Besonders hervorzuheben ist in diesem Zusammenhang, dass das Bauwerk weitestgehend entsprechend der originalen neoklassizistischen Fassadengestaltung an der Moritz-, Wiesen- und Bahnhofstraße wieder entstanden ist.

In vier Beiträgen stellen sich die Hauptmieter des Hauses, das Museum für Naturkunde, die Neue Sächsische Galerie, die Stadtbibliothek sowie die Volkshochschule, mit ihrer Geschichte und ihrem Profil vor.

Der Verlag

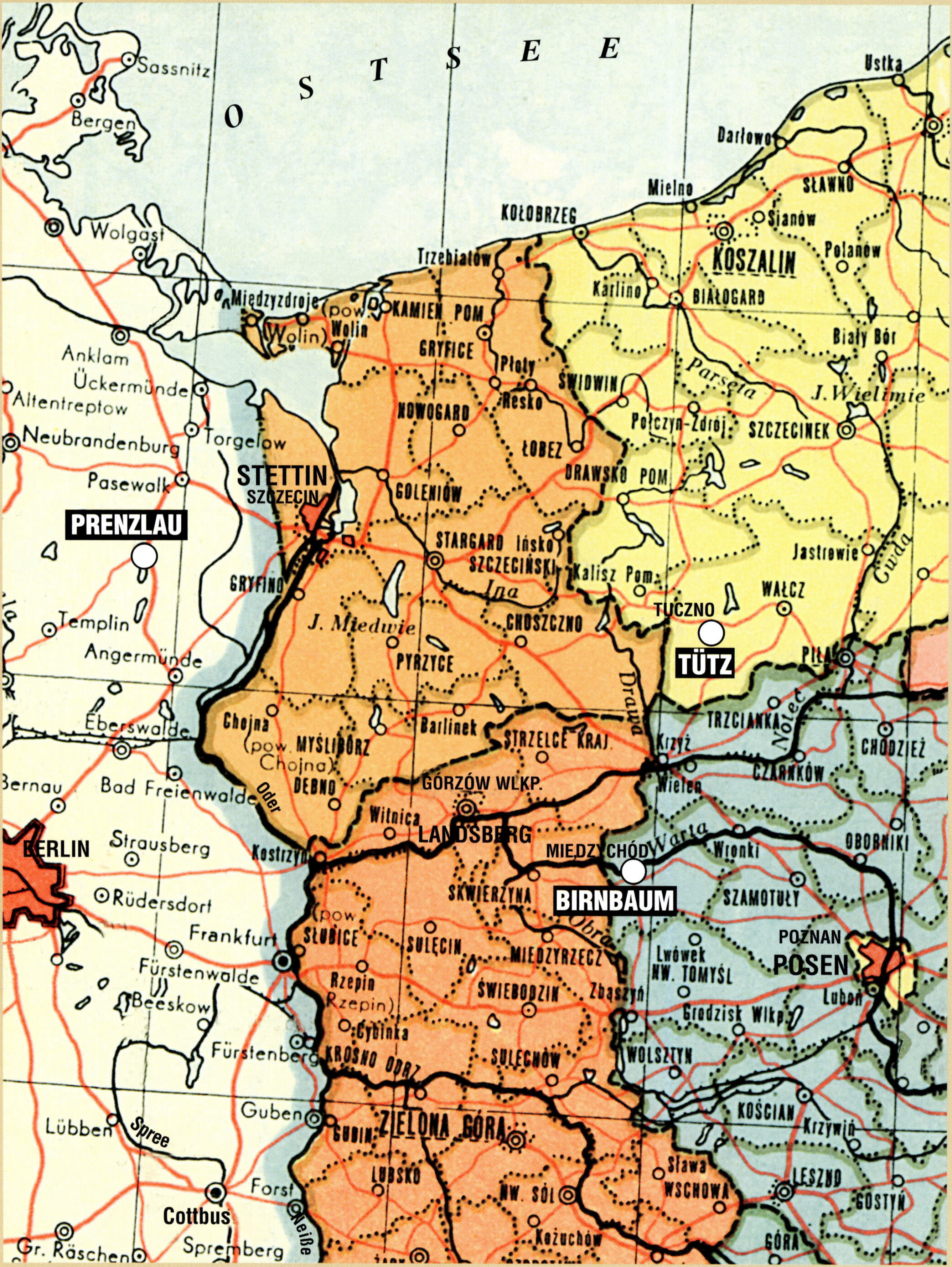

Die Städte Tütz, Birnbaum und Prenzlau sind erste Stationen der Familie Tietz im ehemaligen Preußen.

Die Familie Tietz

Eine deutsch-jüdische Warenhaus-Dynastie

Es klingt wie ein Märchen aus längst vergangenen Zeiten: Die Kinder und Enkel eines im Warthestädtchen Birnbaum lebenden jüdischen Fuhrmanns namens Salomon Tietz entwickelten Ende des 19. Jahrhunderts zwei voneinander unabhängige Unternehmen, die es im Kaiserreich und vor allem während der Weimarer Republik zu Weltgeltung brachten: das Warenhaus Leonhard Tietz AG mit Sitz in Köln und das Warenhaus Hermann Tietz mit Sitz in Berlin. Doch es ist ein wahres Märchen ohne „Happy End", denn die Nationalsozialisten zerschlugen diese großartige unternehmerische Leistung und verjagten die Familie aus Deutschland. An dieser Stelle soll die Geschichte der Familie Tietz erzählt werden, die diese bemerkenswerte Unternehmerdynastie hervorgebracht hat /1/.

Die Wurzeln der Familie Tietz lassen sich bis in die südfranzösische Kreisstadt Avignon zurückverfolgen. Laut einer Familienchronik haben sie sich von dort aus kommend im 12. Jahrhundert zunächst im Rheinland angesiedelt. Im Laufe der Zeiten wanderten sie nach Holland weiter. Das Königreich, das nach dem Westfälischen Frieden von 1648 seine Unabhängigkeit vom Deutschen Reich erlangt hatte, stieg damals für eine Weile zur größten europäischen Handelsmacht auf. Daran hatte die jüdische Gemeinde in Amsterdam einen gehörigen

Marktplatz in Birnbaum, um 1910.

Anteil. Das blieb auch dem damaligen Preußenkönig Friedrich II. nicht verborgen. Zwar pflegte „Fridericus Rex" eine von seinem Vater, dem „Soldatenkönig", geerbte Abneigung gegen „die Juden", doch war er ihnen zugleich in vieler Hinsicht auch verbunden. Der Preußenkönig brauchte für seine Kriege und seine Verwaltung viel Geld und verachtete deshalb die Juden als ergiebige Einnahmequelle keineswegs. Kein Wunder also, dass die Ansiedlung vermögender jüdischer Familien im preußischen Königshaus sehr geschätzt wurde. Vor diesem Hintergrund gelangte Jacob von Isaac (1736-1798), ausgestattet mit einem Schutzbrief des Preußenkönigs und in Begleitung seiner Familie aus Holland kommend, 1773 als Siedler in den Warthebruch. Der Begriff Siedler ist allerdings etwas irreführend, da ihnen Friedrich der Große das unweit dem Städtchen Tütz (heute: Tuczno) gelegene stattliche Landgut Urschwanzow Czlizie im erst ein Jahr zuvor annektierten, früher polnischen Netzedistrikt übertrug. Diese von zahlreichen Flussarmen durchzogene Gegend entlang des größten Nebenflusses der Oder in der nordöstlichen Umgebung von Landsberg (heute: Gorzów Wielkopolski) gelegen und früher zu Pommern gehörig, wurde damals nach Plänen des Preußenkönigs urbar gemacht. Jacob von Isaac hatte den Status eines so genannten „Schutzjuden", der als Steuerzahler und als Anreger von Handel und Wandel im Königreich Preußen besondere Privilegien genoss. Der Gutsherr – der es bereits Ende des 18. Jahrhunderts zu bedeutendem Wohlstand gebracht hatte – wurde vom König gegen Zahlung eines Schutzgeldes von acht Reichstalern jährlich vor allen antisemitischen Störungen und Ausschreitungen abgesichert. Er war ein Mann von weit reichenden Beziehungen, der es gewohnt war, seinen „Kopf hoch zu tragen" und der sich gesellschaftlich voller Anerkennung erfreute. Das war im damaligen Deutschland für einen jüdischen Bürger keineswegs selbstverständlich.

Welcher Weg es war, der den 1766 in Holland geborenen Sohn Jacob von Isaacs, Hirsch, in das Warthestädtchen Birnbaum (heute: Miedzychód) führte, lässt sich heute nicht mehr rekonstruieren. Sicher ist allerdings, dass sein Vater, der Gutsherr Jacob von Isaac, auf dem jüdischen Friedhof von Birnbaum seine letzte Ruhestätte fand. Offenbar hat Hirsch das Landgut nach dem Tod seines Vaters zumindest für einige Jahre weiter betrieben. Damals stand ihm und seiner Familie eine schwere Zeit bevor, weil Preußens Niederlage im Vierten Koalitionskrieg mit Napoleon I. (1806/1807) und der anschließende Friede von Tilsit (1807) dazu führten, dass nicht nur das der Familie gehörige Landgut, sondern auch die Stadt Birnbaum an das Herzogtum Warschau fielen. Damit aber hatten die Vorfahren der Familie Tietz nicht nur ihr Zuhause, sondern auch große Teile ihres Vermögens verloren. Die betreffenden Gebiete fielen erst nach Napoleons Sturz und der Neuordnung Europas durch den Wiener Kongress (1815) wieder an Preußen.

Bereits im März 1812 unterzeichnete der in jenen Jahren für Reformen aufgeschlossene König Friedrich Wilhelm III. das „Edikt betreffend die bürgerlichen Verhältnisse der Juden in dem Preußischen Staate". Es gewährte allen mit irgendeinem Schutz in Preußen wohnenden Juden und ihren Familien das volle Bürgerrecht, soweit sie ihrerseits innerhalb von sechs Monaten feste Familiennamen annahmen, sich behördlich anmeldeten und ihre Bereitschaft signalisierten, sich zukünftig der deutschen oder einer anderen lebenden Sprache zu bedienen, soweit es ihre Handelsbücher, Verträge und Unterschriften betraf. Wir können also davon ausgehen, dass das Jahr 1815 – als die Provinz Posen vom Großherzogtum Warschau wieder Preußen zugeschlagen wurde – der Zeitpunkt war, als sich Jacob von Isaacs Sohn Hirsch dazu entschloss, fortan den Namen Tietz – in Anlehnung an das elterliche Gut bei Tütz – zu führen /2/. Damit erhielt seine Familie nämlich das Recht, ihren Wohnsitz in Preußen zukünftig selbst festlegen zu dürfen. Das war ein enormer Fortschritt im Vergleich zu den bis dahin geltenden Restriktionen.

Jacob von Isaacs zweiter Sohn David (Tietz) eröffnete in Birnbaum bereits während der polnischen Zeit im Jahre 1813 ein Kurzwaren-Engrosgeschäft, das sich rasch entwickelte. Sein Bruder Isaac (Tietz) und dessen Nachfahren waren als Landwirte und Handwerker, und zwar vor allem als Bäcker und Stellmacher in Birnbaum tätig. Beide Brüder – die man damals als die „reiche Linie" bezeichnete – besaßen das dafür notwendige Handelsprivileg, weil sie während der Besetzung dem polnischen Großherzog und nach der Besetzung dem Preußenkönig die Treue schworen. Hirsch Tietz etwa 1796 ge-

Johanna Tietz, geb. Kwieletzka (1824-1901).

Jakob Tietz, (1828-1887).

Markus Tietz, (1848-1901).

Johanna Friedeberg, geb. Tietz (1835-1879).

Hermann Tietz, (1837-1907).

borener Sohn Salomon Tietz hat nach 1815 zunächst gemeinsam mit seinem Vater die Bewirtschaftung des Landgutes Urschwanzow Czlizie fortgesetzt. Doch der Friede währte nicht lange. Im Verlaufe des Novemberaufstandes 1830/31, als polnische Nationalisten für die Wiederherstellung ihres Staates kämpften und sich im Netzedistrikt blutig erhoben, ging das Hab und Gut der Familie Tietz erneut – und diesmal endgültig verloren. Die deutsch-jüdischen Siedler stellten sich damals gegen die polnische Nationalbewegung. Mancher von ihnen hat diesen Mut mit seinem Leben bezahlen müssen, viele andere erlitten wirtschaftliche Nachteile. In dieser Situation entschloss sich Salomon Tietz, mit dem alten Vater und seiner Familie aus dem unruhigen Netzedistrikt ebenfalls

Oskar Tietz (1858-1923).

Leonhard Tietz (1849-1914).

nach Birnbaum überzusiedeln. Da er aber den Treueschwur auf den Preußenkönig aus religiösen Gründen ablehnte und deshalb das Handelsprivileg nicht erhielt, musste er fortan seinen Lebensunterhalt als Fuhrmann verdienen. Seine Arbeit bestand darin, Waren und Personen zu den Messen nach Schwerin an der Warthe, Leipzig und Königsberg zu transportieren.
Als der König von Preußen 1833 die „Verordnung wegen des Judenwesens im Großherzogtum Posen" erließ, war Hirsch Tietz bereits ein alter, vom Tode gezeichneter Mann. In der besagten Verordnung drehte der Preußenkönig sein eben erwähntes Edikt insoweit zurück, als er die Juden in Posen in solche einteilte, denen er „nach Besitz und Bildung" die Staatsbürgerrechte gewährte, und jene, welche nur geduldet und daher in ihren Rechten beschränkt waren. Die Vermutung liegt nahe, dass der arme Fuhrmann Salomon Tietz mit seiner großen Familie fortan zu den „Bürgern zweiter Klasse" gehörte. Sein Leben ist bisher noch nicht sehr gut erforscht. Wir wissen lediglich, dass Salomon Tietz zunächst mit Keile Joske (Kind: Jakob) und anschließend mit Esther Beer (Kinder: Rosa, Johanna, Hermann, Chaskel, Julius, Heinrich, Markus) verheiratet war. Bekannt ist auch, dass Salomon Tietz während des jüdischen Monats Tischri (d.h. im September / Oktober) 1859 in Birnbaum verstorben ist. Leider sind weiterführende Nachforschungen auf dem jüdischen Friedhof der kleinen Stadt nicht mehr möglich, da alle drei deutschen Friedhöfe in Birnbaum nach dem Zweiten Weltkrieg von den neuen Machthabern dem Erdboden gleichgemacht worden sind.
Nach dem Tod von Salomon Tietz führte sein Sohn Jakob das Fuhrgeschäft fort. Auch Jakob Tietz (1828–1887) konnte seiner Familie nur einen recht bescheidenen Lebensunterhalt sichern, der weit von dem Lebensstandard entfernt war, den seine Eltern und Großeltern vor dem Novemberaufstand gekannt hatten. Jakobs Frau, Johanna Tietz, geb. Kwieletzka (1824-1901) /3/, – „eine intelligente, gebildete, freisinnige Frau von seltener Akkuratesse und Korrektheit" – stammte aus einer Familie vermögender Grundbesitzer. In einer zeitgenössischen Chronik heißt es, dass es in ihrem Elternhaus „hoch hergegangen" sei: „In den Schränken war das Goldgeld aufgestapelt. Zu den Festlichkeiten aß man nur von silbernen Schüsseln." Damit war es jedoch nach dem Novemberaufstand vorerst vorbei.
Jakob und Johanna Tietz waren die Eltern von Oskar Tietz, der gemeinsam mit seinem Onkel Hermann Tietz (1837-1907) – vor allem aber mit dessen Kapital – den nach 1933 so genannten Hertie-Konzern begründet hat. Doch nicht nur Oskar Tietz, sondern auch sein älterer Bruder Leonhard Tietz (1849-1914) war ein außergewöhnlich erfolgreicher Geschäftsmann, dessen Leonhard Tietz AG 1909 als erstes deutsches Warenhauspapier an der Berliner Börse notiert und nach der Nazi-Diktatur in der Bundesrepublik bis heute unter dem Namen Kaufhof fortgeführt wird. Vor diesem Hintergrund überrascht es nicht, dass man das Warthestädtchen Birnbaum Anfang des letzten Jahrhunderts auch die „Wiege der Warenhäuser" genannt hat, zumal auch die Warenhausbesitzer Julius und Moritz Ury (Unternehmenssitz in Leipzig), Joske (Leipzig) sowie Max und Moritz Knopf (erst Karlsruhe, später Straßburg) in Birnbaum geboren wurden.

Wohnhaus der Familie Jakob Tietz in Birnbaum, Zeichnung, um 1870.

Das Chemnitzer Tietz-Warenhaus gehörte allerdings zu einer eigenständigen, weniger bekannten Firmengruppe namens „H. [Heinrich] & C. [Chaskel] Tietz", die ihre Ursprünge im brandenburgischen Prenzlau hatte. Die gemeinsame Leitung dieser gesamten Gruppe lag bei Hermann Tietz Brüdern, Markus, Heinrich, Chaskel und Julius. Man kann also ohne jede Übertreibung sagen, dass eine große Familie ein einzigartiges unternehmerisches Talent unter Beweis stellte. Die Besitzverhältnisse im von ihnen aufgebauten Unternehmen waren teilweise aber etwas kompliziert, weil einige der Tietz-Warenhäuser bei der Heirat der Töchter als Mitgift verschenkt wurden. Wir haben es also mit mehreren großen Unternehmensgruppen zu tun, die in jener Zeit den Namen Tietz trugen. Es ist allerdings darauf hinzuweisen, dass der Einkauf für alle Tietz-Warenhäuser zentralisiert war. Dieses System hatte Jakobs genialer Sohn Oskar Tietz etabliert. Die verschiedenen Tietzschen Unternehmenslinien marschierten getrennt und arbeiteten jeweils auf eigene Rechnung. Aber sie profitierten durch den zentralen Einkauf, der ihnen besonders vorteilhafte Abschlüsse erlaubte, und natürlich auch durch den freundschaftlichen Familienzusammenhalt.
Doch an dieser Stelle müssen wir noch einmal zurückblenden: Der Preußische Landtag hatte 1847 ein Gesetz verabschiedet, das den Juden eine weitgehende Gleichberechtigung mit den christlichen Untertanen brachte, je-

doch nicht für die Provinz Posen galt, aus der die Familie Tietz stammte. Vor dem Hintergrund dieser Gesetzgebung überrascht es nicht, dass die deutsch-jüdische Auswanderung aus der Provinz Posen in die Vereinigten Staaten damals viel höher war als aus allen anderen preußischen Regionen, zumal in jener Zeit auch die Berufsfreiheit für Juden in der Provinz Posen starken Einschränkungen unterlag. Die Aussichten auf ein persönliches Fortkommen waren vielen dort lebenden Juden einfach zu gering. Alle Tietz Brüder, mit Ausnahme von Markus, gingen zeitweilig in die USA. Auch Chaskel Tietz, 1841 in Birnbaum als Sohn von Salomon Tietz geboren, ging als junger Mann in die Südstaaten der USA, wo sein älterer Bruder Hermann, ein gelernter Bäcker, bereits lebte und sich recht erfolgreich als Farmer etabliert hatte. Nachdem sich Chaskel dort niedergelassen hatte, nahm er vermutlich auf der Seite der Konföderierten als Offizier am Amerikanischen Bürgerkrieg (1861-1865) teil. Offenbar schätzte er den Militärdienst, was daran zu erkennen ist, dass er sich Anfang 1866 zur Rückkehr nach Deutschland entschloss, um sich direkt in den Krieg Preußens gegen Österreich zu stürzen, der allerdings bereits nach wenigen Monaten beendet war. Chaskel Tietz hatte einige Pferde aus den USA mitgebracht, die ihm durch ihren Verkauf an die preußische Militärverwaltung einen ungeahnten Gewinn einbrachten. Ein Gewinn, der sich als nützlich erwies, um ein Geschäft aufzubauen.

Fortan führte Chaskel Tietz gemeinsam mit seinem jüngeren Bruder Heinrich Tietz in Prenzlau einen florierenden Altproduktenhandel, der bald in ein Manufakturwarengeschäft (Einzel- und Großhandel) erweitert wurde. Aus diesem Geschäft – in dem der junge Oskar Tietz seine Lehre absolvierte – ging Ende des 19. Jahrhunderts die Unternehmensgruppe H. & C. Tietz hervor. Manches spricht für die Annahme, dass die uckermärkische Kreisstadt Prenzlau in der Familiengeschichte der Tietz eine überragende Rolle gespielt hat, denn hier ist nicht nur die Firma H. & C. Tietz entstanden. Als Hermann Tietz 1870 mit der amerikanischen Staatsbürgerschaft und einem beträchtlichen Vermögen nach Deutschland zurückkehrte, nahm er seinen Wohnsitz für einige Jahre zunächst in Prenzlau. Hier heiratete er auch seine Frau Julie, bevor er sich gemeinsam mit seinem 24-jährigen Neffen Oskar Tietz dem Geschäftsleben widmete und am 1. März 1882 in Gera jenes Geschäft eröffnete, das man als einen der frühen Vorläufer der ersten Warenhäuser bezeichnen kann, die überhaupt in Deutschland entstanden sind. Diese Geschäftsgründung war ein Ereignis, das man als Markstein in der Geschichte der deutschen Wirtschaft bezeichnen kann. Was damals in Gera begann, entwickelte sich innerhalb weniger Jahre zu einem außerordentlich erfolgreichen Konzept. Dabei führte der junge Oskar Tietz die Feder. Er kaufte seine Waren direkt beim Fabrikanten, achtete auf gute Qualität und gewährte seinen Kunden weder Kredit, noch ließ er sich auf Feilschen ein. Wer etwas kaufen wollte, musste die Ware sofort bezahlen. Der junge Mann lehnte die „Methoden des Basars" strikt ab und hatte die Preise für die von ihm angebotenen Waren so niedrig kalkuliert, dass ihm nur eine sehr geringe Verdienstspanne blieb. Der Erfolg dieses Systems hing also von großem Umsatz ab. Niemand glaubte damals in Gera, dass das wirklich funktionieren würde. Man hielt die Pleite des ehrgeizigen jungen Geschäftsmannes deshalb auch im Kreise seiner Prenzlauer Onkel sozusagen für vorprogrammiert und stand seinen Aktivitäten äußerst skeptisch gegenüber. Selbst Oskars Onkel und Geschäftspartner Hermann Tietz rückte in jener Phase aufgrund seiner angeblich „revolutionären Anschauungen" von ihm ab und schied bereits nach 14 Tagen wieder aus der gemeinsamen Firma aus.

Doch das Unglück, das Hermann Tietz durch den frühen Tod seiner Frau und seiner als Kleinkinder verstorbenen Zwillingstöchter Rosalie und Ernestine in Prenzlau erlebt hatte, wiederholte sich im Geschäftsleben in seiner Zusammenarbeit mit dem tüchtigen Oskar keineswegs. Das neue System funktionierte, obwohl Oskar Tietz für damalige Verhältnisse geradezu tollkühne Neuerungen eingeführt hatte und nur Waren aus „ersten Bezugsquellen" feilbot. Außerdem waren die Produkte in seinem Sortiment grundsätzlich mit einem Preis ausgezeichnet, was bis dahin fast niemand im deutschen Geschäftsleben so gehandhabt hatte. Nach und nach begann er seine Produktpalette zu vergrößern und das Geschäft zu expandieren. Erst in Gera und dann in München, Berlin und an anderen Orten. Auf diese Weise entstand mit dem wachsenden geschäftlichen Erfolg, hauptsächlich nach der Jahrhundertwende, eine Vielzahl eigener Warenhäuser. Während

Wohnhaus der Familie Salomon Tietz in Birnbaum, Foto 1936.

Stadtpark Birnbaum mit Stiftungsstein von Oskar Tietz, 1912.

der Weimarer Republik konnte die Unternehmensgruppe Hermann Tietz schließlich mehr als zwei Dutzend Warenhäuser der Konkurrenz übernehmen, darunter auch das 1907 von Adolf Jandorf (1870-1932) gegründete berühmte Kaufhaus des Westens (KaDeWe) in Berlin.
Doch kommen wir noch einmal zurück zu H. & C. Tietz. Einige der zu dieser sich entwickelnden Unternehmensgruppe gehörenden Warenhäuser unterstanden der Leitung von Markus Tietz, der seinen Wohnsitz in Bamberg genommen hatte. Markus Tietz hat die Unternehmensgeschicke dieser Warenhäuser bis zu seinem Tod im Jahr 1901 bestimmt. Um die damalige Jahrhundertwende ging die Führung der verschiedenen Unternehmenslinien endgültig an die nächste Generation über. Als 1911, in der Blütezeit des Wilhelminischen Kaiserreiches, mit Julius der letzte Sohn des Salomon Tietz aus Birnbaum verstarb, wurden Leonhard und Oskar Tietz endgültig zu den großen deutschen Unternehmerpersönlichkeiten, die mit großer Weitsicht ein Firmenimperium errichtet hatten, das seinesgleichen suchte. In der Weimarer Republik gehörten mehrere Dutzend, teilweise palastähnliche Warenhäuser zu den verschiedenen Unternehmensgruppen der Familie Tietz. Allein in den Unternehmen der Leonhard Tietz AG waren damals etwa 15 000 Menschen beschäftigt.

Städtische Turnhalle in Birnbaum, gestiftet von Oskar Tietz, um 1914.

Städtische Badeanstalt in Birnbaum, gestiftet von Oskar Tietz, um 1914.

Insgesamt 20 Jahre leitete Oskar Tietz unangefochten den 1903 gegründeten „Verband deutscher Waren- und Kaufhäuser". Schon um die Jahrhundertwende hatte er eine Million Reichsmark zum Aufbau der Oskar-und-Betty-Tietz-Stiftung bereitgestellt. Diese Stiftung erwies sich vor allem für seine Geburtsstadt Birnbaum als äußerst segensreich, denn neben einer modernen Turnhalle und einer städtischen Badeanstalt erhielt die Ortschaft auch eine Parkanlage aus dem Stiftungsfond finanziert, die noch heute um den Küchensee herum im Zentrum des malerischen Städtchens zum Verweilen einlädt. In Birnbaum befand sich auch das Grab seines Vaters Jakob, dem er und sein älterer Bruder Leonard am Sterbebett hatten versprechen müssen, sich an Glauben und Gesetze der Väter halten zu wollen. Ein Wunsch, an den man sich in der Familie bis zur Machtübernahme der Nationalsozialisten hielt: An den wichtigsten jüdischen Feiertagen waren die Tietz-Warenhäuser überall in Deutschland geschlossen.
Wie weit der Einfluss Oskar Tietz nach der Jahrhundertwende reichte, mag auch daraus ersichtlich werden, dass er sich nach dem Ersten Weltkrieg ernsthaft darum bemühte, Einfluss auf den Inhalt des Friedensvertrages von Versailles zu nehmen, um das Städtchen Birnbaum, das damals wieder an Polen fiel, für Deutschland zu retten. Oskar Tietz war ein Mann von liberaler Gesinnung, dem sein Judentum und sein Deutschtum gleichermaßen wichtig waren und der sich speziell in der jüdischen Gemeinde seiner Heimat-

Bismarckstraße in Birnbaum mit Synagoge (links), um 1910.

stadt Berlin große Verdienste erworben hat. Sein früher und plötzlicher Tod Mitte Januar 1923 während einer Reise in die Schweiz verhinderte, dass er den Aufstieg der Nationalsozialisten noch hätte miterleben müssen. In deren Parteiprogramm wurde ganz explizit die „Bekämpfung der Warenhäuser" gefordert. Eine Forderung, den die Nazis 1933 gegen die „halben Talmiköpfe der Tietz" – wie es in einer nationalsozialistischen Schmähschrift hieß - mit blankem Terror durchsetzte. Oskar Tietz Witwe und seinen Kindern blieb nichts anderes übrig, als ins Ausland zu flüchten. Das Reichswirtschaftsministerium setzte zunächst eine Bankengruppe ein, die unter dem Namen „Hertie Kaufhaus-Beteiligungs-GmbH den Hermann-Tietz-Konzern übernahm. Zu einem der Geschäftsführer wurde Georg Karg bestellt, der im Hermann-Tietz-Konzern als Prokurist tätig war. Nach dieser „Arisierung" setzten die Nazis 1937 durch, dass die Banken alle Anteile an Georg Karg verkauften. Karg, der aus der Neumark stammte und in der Weimarer Republik als Zentraleinkäufer des gesamten Textileinkaufs bei Hermann Tietz beschäftigt war, wusste den Wert des Unternehmens offensichtlich einzuschätzen. Der äußerst medienscheue Industrielle häufte als Nutznießer der „Nürnberger Rassengesetze" mit den Hertie-Warenhäusern ein unvorstellbares Vermögen an. Erst 1949 kam bezüglich der auf dem Gebiet der ehemaligen Bundesrepublik West gelegenen Vermögenswerte zwischen der Familie Tietz und dem Hertiekonzern ein eher bescheidener Wiedergutmachungsvergleich zustande, der damals den wirtschaftlichen Aufstieg der Bundesrepublik natürlich nicht vorhersehen konnte. Auch dem Besitzer des Chemnitzer Tietz-Warenhauses, Gustav Gerst, und seiner Frau Ella gelang die Flucht über Skandinavien in die Vereinigten Staaten. Das Ehepaar gelangte wohlbehalten nach New York, wo Gustav bereits kurz nach dem Zweiten Weltkrieg kinderlos verstorben ist, während seine Frau ein biblisches Lebensalter erreichte. Weniger Glück hatte hingegen Oskar Tietz aus Birnbaum stammende Cousine Ida Wronker und deren Ehemann Hermann, der Eigentümer des vor 1933 in Frankfurt am Main angesiedelten Warenhaus-Konzerns Hermann Wronker AG. Die beiden alten Leute, die um ihr gesamtes Vermögen gebracht worden waren, hatten sich erst im Frühjahr 1939 zur Emigration nach Frankreich entschließen können und wurden dort nach dem deutschen Einmarsch interniert. Die Nazis haben sie 1942 im Vernichtungslager Auschwitz umgebracht.

Stefan Appelius

Das Kaufhaus des Westens in Berlin gelangte in der zweiten Hälfte der 1920er Jahre in Besitz der Firma Hermann Tietz.

Geschäftshaus H. & C. Tietz Chemnitz von 1904 bis 1913, Poststraße Ecke Innere Johannisstraße.

Auf dem Weg nach Sachsen

Die Gründungen von Prenzlau über Bamberg bis Chemnitz

Chaskel, Hermann und Markus Tietz wurden nach ihrer Rückkehr aus Amerika 1874 resp. 1878 Bürger der Stadt Prenzlau. Noch vor 1876 war das Altwarengeschäft in der Friedrichstraße zu einer Manufakturwarenhandlung ausgebaut worden. Als Firmennamen entschieden sich die Brüder für H. & C. Tietz /1/. Oskar Tietz absolvierte im Geschäft seiner Onkel eine kaufmännische Lehre und war darauf bei seinem Bruder Leonhard in Stralsund tätig, der dort im August 1879 sein erstes Kurzwarengeschäft eröffnet hatte. Im Anschluss daran zog Oskar Tietz mit seinem Onkel Hermann nach Gera, wo er im März 1882 unter dem Namen „Hermann Tietz" ein Garn-, Knopf-, Posamentier-, Weiss- und Wollwarengeschäft ins Leben rief. Bereits fünf Jahre später wurde eine erste Zweigniederlassung in Weimar eröffnet.

Wohl unter dem Eindruck des Erfolges in Gera und Weimar spielten fortan die Regionen Thüringen, Franken und Vogtland eine bedeutende Rolle im unternehmerischen Engagement der Familie Tietz. Bevor sich Leonhard Tietz Ende der 1880er Jahre endgültig im Rheinland niederließ, gab er ein kurzes Intermezzo in Franken. 1884 und 1888 wurden auf seine Veranlassung hin Niederlassungen in Schweinfurt und Amberg gegründet.

Bereits im Mai 1883 hatte Julius Tietz beim Amtsgericht Greiz ein Geschäft angemeldet, das unter dem Namen Heinrich Tietz bis Januar 1939 bestehen sollte /2/. 1886 eröffneten Hermann und Oskar Tietz unter dem Namen „H. Tietz & Co." ein Posamentiergeschäft in Nürnberg. Der Geschäftsführer Julius Tietz baute den neuen Standort bis 1905 aus. Mitte der 1890er Jahre hatte er zudem in Plauen unter eigenem Namen eine Firma errichtet /3/.

1886 fasste die Familie Tietz auch in Bamberg und Coburg Fuß. Dem späteren Warenhausgründer Hermann Wronker, der in Prenzlau eine kaufmännische Lehre bei H. & C. Tietz absolviert hatte, war die Aufgabe zuteil geworden, für Markus Tietz Geschäfte in Bamberg und Coburg zu eröffnen. So wurde im April 1886 unter dem Namen „H. & C. Tietz" eine Posamentier- und Kurzwarenhandlung in Bamberg beim dortigen Amtsgericht angemeldet. Die Übernahme eines seit 1881 in Coburg bestehenden Kurzwarengeschäftes gelang ebenfalls. Erst im Mai 1887 verlegte Markus Tietz den Wohnsitz und damit auch den Firmensitz von Prenzlau nach Bamberg. Nunmehr ging er daran, seine Bamberger Geschäftszentrale auszubauen und weitere Niederlassungen in Franken zu errichten. So konnte Markus Tietz im Februar 1892 das von seinem gleichaltrigen Neffen Leonhard gegründete Geschäft in Schweinfurt übernehmen. Diese unternehmenspolitische Ent-

Eröffnungsanzeigen vom 2. und 4. März 1904 im Chemnitzer Tageblatt.

H. & C. Tietz Prenzlau, Friedrichstraße 201, um 1905.

scheidung hing sicher damit zusammen, dass die Tietz-Verwandten in dieser Zeit ihre Einflussbereiche untereinander aufteilten. Im selben Jahr expandierte Markus Tietz innerhalb von Bamberg und zog 1895 mit seinem Hauptgeschäft an den Grünen Markt 18 /4/.

Im September 1901 starb der Firmengründer Markus Tietz im Alter von 52 Jahren in Bamberg. Die Geschäfte führte nunmehr seine Witwe Julie Tietz (geb. Baumann) weiter, deren jüngere Schwester Flora mit Leonhard Tietz verheiratet war. Ihr zweiter Schwiegersohn Gustav Gerst, ein jüdischer Großkaufmann und Mitbesitzer einer Hopfenhandlung in Bamberg, stand ihr dabei zur Seite. Die Geschäfte in Coburg und Prenzlau wurden alsbald Siegfried und Cäsar Caspary resp. Samuel Herrmann übergegeben. Im Januar 1905 zog sich Julie Tietz aus der Firmenleitung zurück und widmete sich fortan vor allem der sozialen Absicherung der Mitarbeiter. Zwei Monate später wurde ihr erster Schwiegersohn Dr. Martin Ephraim, ein jüdischer Rechtsanwalt und Notar aus Frankfurt (Main), Mitglied des Aufsichtsrates der damals gegründeten Leonhard Tietz AG in Köln.

Unter der alleinigen Führung von Gustav Gerst nahm die Firmengruppe H. & C. Tietz in der Folgezeit einen enormen Aufschwung, was auch für die Unternehmensverbände von Hermann Tietz und Leonhard Tietz zutraf.

Bevor die Inhaber von H. & C. Tietz die fränkischen Landesgrenzen verließen, hatten sicher ihre Expansionspläne die Zustimmung der übrigen Tietz-Verwandten gefunden. Zu neuen Standorten wurden die Städte Chemnitz in Sachsen und Münster in Westfalen bestimmt. Während in Münster die Etablierung eines Warenhauses nicht gelang, konnte man in Chemnitz bald mit wirtschaftlichen Erfolgen aufwarten. Dahinter verbarg sich vor allem ein Name, und zwar der des langjährigen Geschäftsleiters Hermann Fürstenheim. Er wurde am 27. Dezember 1877 als Sohn einer jüdischen Kaufmannsfamilie in der Gemeinde Bahn in Pommern geboren. Seine Eltern, Louis Fürstenheim und Rosalie Jacobsohn, hatten fünf Kinder: Georg, Hermann, Louise, Leo und Frieda. Die Familienmitglieder verließen noch vor der Jahrhundertwende ihre pommersche Heimat. Louis und Rosalie Fürstenheim verstarben 1915 resp. 1927 in Berlin.

Hermann Fürstenheims Spuren führten zunächst nach Stralsund, wo er vermutlich im Kurzwarengeschäft von Leonhard Tietz erste kaufmännische Erfahrungen sammelte. 1896 war der 19-jährige Handlungsgehilfe dem Ruf von Markus Tietz gefolgt und nach Bamberg gezogen. Eine über 40-jährige Tätigkeit für die Firma H. & C. Tietz nahm hier ihren Anfang, lediglich unterbrochen durch den Militärdienst 1898/99 und die Teilnahme am Ersten Weltkrieg. Im Laufe seiner Tätigkeit lernte er Ella Tietz, die mittlere Tochter von Markus Tietz, und ihren späteren Ehemann Gustav Gerst kennen und schätzen, woraus sich eine lebenslan-

Stammhaus H. & C. Tietz in Bamberg, um 1930.

ge Freundschaft entwickeln sollte. Hermann Fürstenheim meldete sich am 31. Dezember 1903 in Bamberg ab und verlegte am 11. Januar 1904 seinen Wohnsitz nach Chemnitz, um in der aufstrebenden sächsischen Industriestadt die Eröffnung der neuen Niederlassung vorzubereiten. Am Folgetag meldete sich der Emissär der Familie Tietz hier an und legte binnen weniger Wochen den Grundstein für die erfolgreiche Entwicklung des ersten Standortes außerhalb Frankens.

Sicher war es kein Zufall, dass Hermann Fürstenheim just zu dem Zeitpunkt in Chemnitz eintraf, als der seit März 1890 in Chemnitz ansässige Kaufmann Hermann Lesser die bevorstehende Auflösung seiner Textilwarenhandlung bekannt gab. Noch vor der Jahrhundertwende hatte dieser das Hausgrundstück Ecke Poststraße 2 Ecke Innere Johannisstraße 18 erworben und dort von Wenzel Bürger, dem Architekten der Synagoge am Stephanplatz, ein mehrgeschossiges, äußerst prachtvolles Geschäftshaus bauen lassen. Der am 1. Februar 1904 im Warenhaus Hermann Lesser begonnene Ausverkauf war bald abgeschlossen. Ein über zehn Jahre laufender Mietvertrag zwischen Hermann Lesser und Julie Tietz konnte unterzeichnet werden. Das in der Innenstadt gelegene imposante Gebäude mit seinen fünf Stockwerken war wohl genau das Domizil, welches die Inhaber von H. & C. Tietz für ihre neue Außenstelle gesucht hatten.

Am 10. Februar 1904 ließ Julie Tietz die neue Zweigniederlassung beim Amtsgericht Chemnitz registrieren /5/. Bereits am Nachmittag des 3. März wurde die Filiale feierlich eröffnet. Am Folgetag begann der Verkauf in dem Geschäftshaus Ecke Post- und Innere Johannisstraße. Gerade die Innere Johannisstraße war Anfang des 20. Jahrhunderts eine der bedeutendsten Verkehrsadern in der Industriestadt. Das neue Warenhaus erregte laut den Chemnitzer Neuesten Nachrichten allgemeines Aufsehen, war doch ein solches Haus ein Novum in der Stadt, wie rückblickend zum 25-jährigen Jubiläum von H. & C. Tietz eingeschätzt wurde.

In der Chemnitzer Innenstadt gab es bereits einige alteingesessene Textilkaufhäuser, die ansatzweise ein ähnliches Warensortiment hatten: Bruno Schellenberger (seit 1868), Königsfeld & Co. (seit 1881), Richard Schlesinger (seit 1883), Steigerwald & Kaiser (seit 1895) und Welthaus Siegmund Simon (seit 1898). Die Modehäuser, die sich großer Beliebtheit bei der Chemnitzer Bevölkerung erfreuten, befanden sich teilweise in unmittelbarer Nachbarschaft zum nunmehrigen Geschäftshaus Tietz. Aus diesem Grund galt von Anfang an für die Familie Tietz, „durch vornehme Aufmachung, Darbietung guter Waren, Reellität und größte Kulanz sich auch in hiesiger Stadt" /6/ von der Konkurrenz abzuheben.

Mit seinem breiten und stets modischen Warenangebot wurde die Firma H. & C. Tietz schnell eine der ersten Adressen in Chemnitz. Bereits am 2. Januar 1905 war sie in eine Hauptniederlassung umgewandelt worden. Eine zeitgenössische Beschreibung gewährt einen Blick in das Innere des Hauses: „Durch den Haupteingang in der Inneren Johannisstraße gelangen die Besucher zunächst in die Parterre-Räume. Die exakte und wohlgefällige Aufmachung der dargebotenen, täglich wechselnden Ausstellungen fesseln den Käufer und so findet denn das Publikum in diesen Räumen Schneiderei-Artikel, Weißwaren, Herren-, Damen- und Kinderwäsche, Korsetts, Schürzen, Handschuhe, Strumpfwaren, Trikotagen, Herren-Artikel, Seifen-Parfüm usw. Die große Freitreppe in der Mitte führt zur I. Etage, woselbst fortlaufend der Mode entsprechende Ausstellungen zur Geltung kommen. Es befinden sich hier die Abteilungen: Damen- und Kinderkonfektion, Damen- und Kinderhüte, Kleiderstoffe, Seidenstoffe, Leinen, Baumwollwaren und Handarbeiten. Die II. Etage enthält Schuhwaren, Haus- und Küchengeräte, Galanterie-, Luxus- und Schreibwaren. In der III. Etage befinden sich Gardinen, Decken, Teppiche, Portièren, Läuferstoffe, Linoleum, Dekorationen usw." /7/.

Im Juni 1907 starb mit Chaskel Tietz der zweite Namenspatron der Firma, dennoch sollten ihre Akronyme noch über 30 Jahre in einem Atemzug mit der erfolgreichen Entwicklung des Unternehmens genannt werden. Auch in Chemnitz konnte in den folgenden Jahren eine stetig wachsende Anzahl von Kunden in den Räumlichkeiten von H. & C. Tietz begrüßt werden.

Julie Tietz geb. Baumann (1853-1930) mit Tochter Antonie Ephraim und Enkel Max Rudolf (Ephraim), um 1925.

Gustav Gerst (1871-1948).

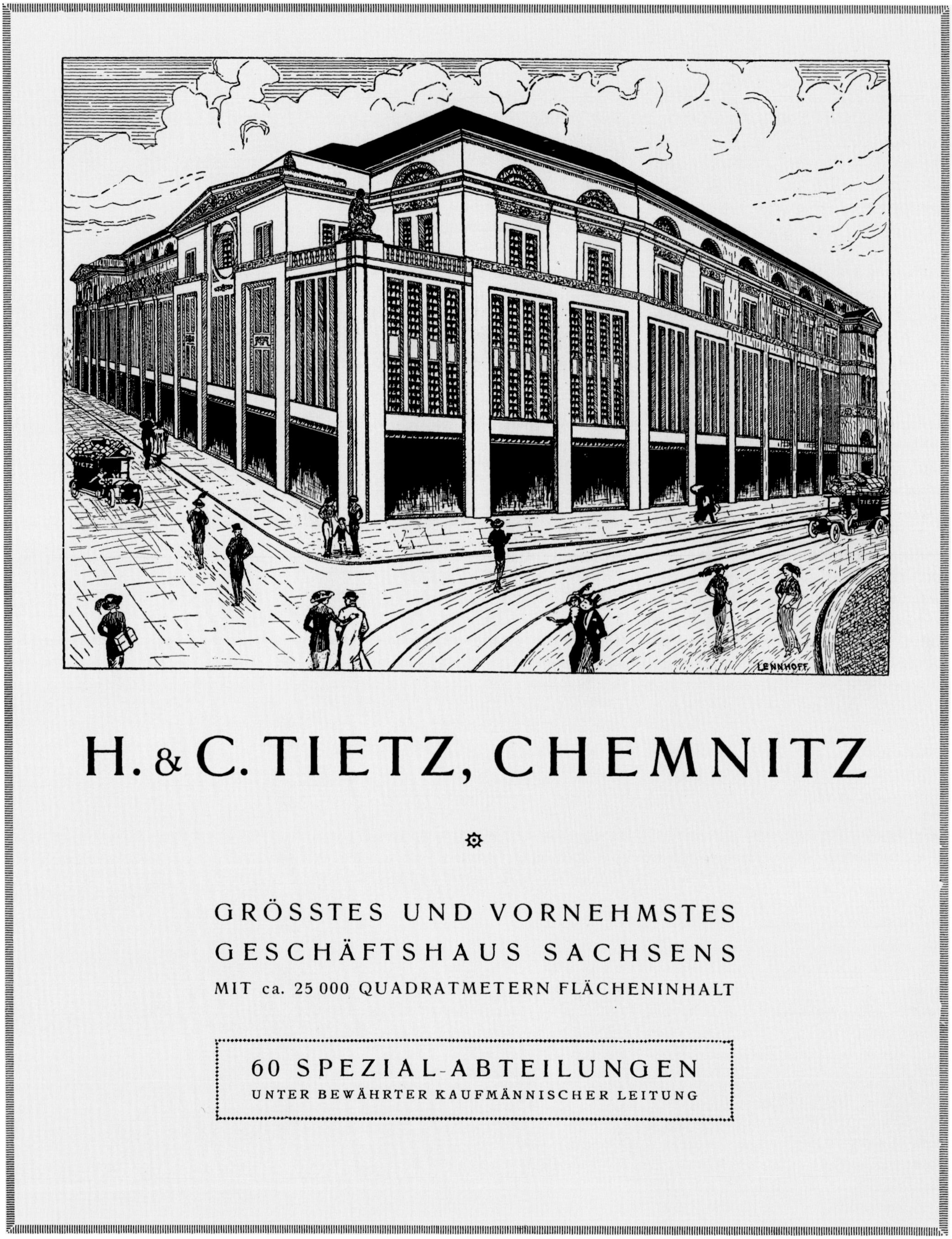

Werbeanzeige von H. & C. Tietz, 1920er Jahre.

Expansion in der sächsischen Industriemetropole

Dem Aufstieg der Chemnitzer Region, vor allem als Zentrum der Strumpfwaren- und Handschuhfabrikation, Rechnung tragend, traf die Familie Tietz für den neuen Standort zwei wichtige Entscheidungen: Errichtung eines neuen Warenhausgebäudes und eines Einkaufshauses.

Bereits im Sommer 1910 eröffnete der Kaufmann Bruno Sittenfeld im Auftrag der Kölner Leonhard Tietz AG ein Einkaufskontor in Chemnitz, das sich zunächst im Geschäftshaus Aue 3a befand. Im Februar 1912 genehmigte die Stadtverwaltung den Neubau eines Einkaufshauses für das Kölner Unternehmen an der Altchemnitzer Straße 4. Bereits 1914 wurde das neue Bauwerk seiner Bestimmung übergeben (heute: Arbeitsförderzentrum). Von dort wurde landesweit der Einkauf von Strümpfen, Handschuhen, Trikotagen und Wollwaren sowie von Teppichen, Gardinen, Stoffen und Linoleum besorgt. Eine eigene Fabrikationsstätte für Strumpfwaren wurde alsbald in dem später errichteten Industriebau an der benachbarten Elsasser Straße 1-5 angeschlossen.

Gustav Gerst, der in dieser Zeit eng mit den Verantwortlichen der Leonhard Tietz AG zusammenarbeitete, wollte mit der in bedeutenden Ausmaßen durchzuführenden Vergrößerung des Warenhauses, aber auch der immer größer werdenden Beliebtheit von H. & C. Tietz in der Chemnitzer Bevölkerung gerecht werden. Er konnte hierbei an die Erfahrungen anknüpfen, die er zuvor in Bamberg gesammelt hatte. Dort hatte er 1903 mit dem Aufkauf benachbarter Hausgrundstücke begonnen, die dort vorhandenen Gebäude abreißen und an deren Stelle ab 1908 ein aufwendig gestaltetes Geschäftshaus im Stil großstädtischer Warenhausarchitektur erbauen lassen. Das neue Stammhaus von H. & C. Tietz wurde 1910 seiner Bestimmung übergeben und zu einer Attraktion in Oberfranken.

Entwurf Geschäftshaus des Architekturbüros Kornfeld & Benirschke, um 1910.

Einkaufshaus Leonhard Tietz am Südbahnhof, Altchemnitzer Straße, um 1914.

In eben diesem Jahr nahm die hiesige Baugeschichte ihren Anfang. Ob bereits der damals entstandene Entwurf der Chemnitzer Architekten August Kornfeld und Karl Johann Benirschke für ein Geschäftshaus in Verbindung zu dem beabsichtigten Warenhausneubau steht, kann nur vermutet werden.

Bekannt ist aber, dass am 3. November 1910 die Grundstücks- und Hypothekenmakler Sali Kaufmann aus Frankfurt (Main) und Ferdinand Reich aus Chemnitz die Kaufmann & Reich Gesellschaft mbH ins Leben riefen /8/. Die Firma, welche ihren Sitz am Johannisplatz 2 hatte, legte bis August 1911 die Grundlagen für den Erwerb von acht benachbarten Grundstücken zwischen der Post-, Wiesen- und Moritzstraße mit einer Gesamtfläche von etwa 5 000 qm. In diesem Zusammenhang muss unbedingt das Wirken des aus Thüringen stammenden Ferdinand Reich, der damals erst am Anfang seiner erfolgreichen Maklertätigkeit stand, gewürdigt werden. Nach Anbahnung dieser Transaktionen wurde auf Betreiben von Sali Kaufmann und des Düsseldorfer Fabrikanten Hermann Schöndorff im September 1911 die Allgemeine Baugesellschaft mbH in Chemnitz mit einem Grundkapital von 500 000 Mark gegründet. Die neue Firma, die ausschließlich der „Erwerbung von Grundstücken in der Stadtgemeinde Chemnitz und die Verwertung derselben durch Verpachtung, Vermietung und in sonstiger Weise" /9/ diente, übernahm die Rolle der Bauherrin. Sali Kaufmann war bis März 1914 der alleinige Geschäftsführer. Hermann Schöndorff, dessen Bauunternehmen ein Fünftel der Gesellschafteranteile gehörte, erhielt im Juni 1912 für die Verhandlungen mit der Stadt Chemnitz eine Generalvollmacht /10/.

Im November 1911 reichte die Allgemeine Baugesellschaft mbH bei der Stadtverwaltung die Unterlagen für die Baugenehmigung ein. Ihr Beauftragter Schöndorff nahm darin ausdrücklich Bezug auf das bereits in Düsseldorf errichtete Warenhaus der Leonhard Tietz AG. An Stadtrat Hermann Niedner schrieb er: „Unter höfl[icher] Bezugnahme auf die jüngste Unterredung, die Schreiber ds. mit Ihnen zu führen die Ehre hatte, überreiche ich Ihnen hierbei ein Exemplar Bau Tietz in Düsseldorf, da sich die Verhältnisse fast ganz mit dem jüngst dort eingereichten Projekt decken." /11/.

Obwohl sich der Baupolizeiausschuss bereits am 19. Dezember 1911 mit einigen Auflagen gutachtlich dahin aussprach, Tietz die Ausnahmen zu

Kreuzung an der Ecke von Post- und Reitbahnstraße, um 1910.

Blick in die Wiesenstraße, Ecke Poststraße, um 1900.

Apollotheater mit Mosellasaal Poststr., 1910.

bewilligen und zu befürworten /12/, kam der gesamte Baugenehmigungsprozeß Anfang 1912 ins Stocken. Zwischen der Stadt Chemnitz und der Bauherrin, zumeist durch Hermann Schöndorff vertreten, begann nun eine umfangreiche Korrespondenz, bei der es vor allem um die künftigen Straßen- und Fußwegbreiten der Post-, Wiesen- und Moritzstraße, die Traufhöhen, weitere Treppenhäuser und die Einrichtung von Verkaufsflächen in der vierten Etage ging. Ursprünglich wollte man wohl im Frühjahr 1912 mit den Bauarbeiten beginnen. Aber bis dahin hatte man noch nicht einmal die Bewilligung für den Abriss der bestehenden Gebäude, u. a. des Varietés „Mosellasaal" und der Brunnerschen Buchhandlung, erhalten. Erst nachdem sich die Kreishauptmannschaft Chemnitz eingeschaltet hatte, erteilte der Stadtrat am 8. Mai 1912 die lang erwartete Abrissgenehmigung.

Der Einfluss der Bauherrin für das von Wilhelm Kreis entworfene Warenhaus reichte in dieser Situation sogar so weit, dass sich in jener Zeit, als man mit der Chemnitzer Stadtverwaltung noch nicht die erhofften Fortschritte erzielt hatte, der Düsseldorfer Oberbürgermeister Wilhelm Marx an seinen Chemnitzer Amtskollegen Dr. Hermann Sturm wandte und ihn bat, „die Schwierigkeiten, die dem großzügigen Werk [...] im Wege stehen, möglichst zu beseitigen." /13/.

Bereits im Januar 1912 war es der Bauherrin gelungen, das renommierte Architekturbüro Lossow & Kühne aus Dresden für die Innengestaltung des Hauses zu gewinnen. Ihr Büroleiter in Chemnitz, Architekt und Baumeister Richard Gladewitz, übernahm die Rolle des Ansprechpartners vor Ort. Seitens der ausführenden Baufirma, der Gebr. Schöndorff AG, war dies der Bauführer Semmelrath.

Bis zum 25. Mai 1912 lagen der Allgemeinen Baugesellschaft sämtliche Einverständniserklärungen der Grundstücksnachbarn vor. Stadtverwaltung und Bauherrin waren sich in den strittigen Fragen handelseinig geworden. Der Stadt Chemnitz wurden für die Straßen- und Fußwegverbreiterung Flächen mit einem Terrainwert von etwa 25 0000 Mark abgetreten /14/. So ließ man u. a. die Flucht an der Ecke Wiesen- und Poststraße einknikken, um so dem damals dort vorhandenen Beckerplatz Geltung zu verleihen, und an jeder Straßenseite trat man etwa einen Meter Fläche für die Fußwegverbreiterung an die Stadt ab, insgesamt 270 qm. Bereits im Februar 1912 gab Schöndorff diesbezüglich an den Rat der Stadt zu bedenken: „Ich muß betonen, daß die Zugeständnisse, die mein Bauherr gegenüber der Stadt Chemnitz gemacht hat in Bezug auf die Abtretung von Gelände ein enormes Opfer bedeuten, ein Opfer von solcher Dimension, wie es bei der Projektierung einer solchen Anlage vielleicht noch nie gefordert, aber auch noch nie gebracht [worden – J.N.] ist." /15/. Die Verwaltung genehmigte mit Ausnahmen die maximale Traufhöhen von 22 Metern, jedoch nicht die Nutzung des vierten Stockwerkes für den Verkauf. Doch mit dem vierten und fünften Obergeschoss konnte sowohl die Baumasse an Monumentalität gewinnen, als auch das Warenhaus dringend benötigte Flächen für Lager, Werkstätten und Verwaltung erhalten. Am 8. Juli 1912 beschloss der Stadtrat, die Aus-

Beckerplatz mit ursprünglicher Bebauung Poststraße 25, um 1910.

Beckerplatz mit H. & C. Tietz, um 1920.

Metallplakette der Allgemeinen Hochbaugesellschaft Düsseldorf, Poststraße, 1913.

schachtungsgenehmigung zu erteilen /16/, und am 24. September lag dieselbe zum Beginn der Erschließungsarbeiten vor /17/.

Doch die eigentliche Baugenehmigung konnte immer noch nicht erteilt werden, da sich seit Dezember 1911 Gegner des Warenhausbaues mehrmals durch verschiedene Instanzen zu Wort gemeldet hatten. Neben Anwohnern waren daran vor allem die Schutzgemeinschaft für Handel und Gewerbe in Chemnitz und der Rabatt-Sparverein Chemnitzer Geschäftsleute e.V. sowie die Inhaber der Handelsfirma Burghardt & Becher beteiligt. Diese Einsprüche wurden bis zum Frühherbst 1912, teilweise in Eilverfahren, von der Stadtverwaltung und der Kreishauptmannschaft als unbegründet abgewiesen. Am 8. Oktober 1912 wurde schließlich durch das Baupolizeiamt die endgültige Genehmigung erteilt /18/.

Die anschließende Bauzeit von nur elf Monaten stellte damals für ein solches Bauwerk einen einmaligen Rekord dar. Während der Bauphase kam es abermals zu massiven Störungen. So wurden die Bauarbeiten u. a. durch Streiks unterbrochen. Außerdem versuchte die Chemnitzer Bildhauerinnung im August 1913 den Weiterbau zu unterbinden. Derartige Vorstöße mussten von den Auftraggebern durchaus ernst genommen werden, wie ein einschlägiges Beispiel aus dem bereits erwähnten Münster gezeigt hatte: Dort erreichte im Jahre 1905 eine Bürgerinitiative von Warenhausgegnern die Abtragung des Kaufhausrohbaues von H. & C. Tietz /19/.

Fertiger Rohbau mit Blick in die Moritzstraße, 1913.

Um die Chemnitzer Bevölkerung auf die bevorstehende Eröffnung des neuen Warenhauses vorzubereiten, nahm die Firmenleitung verstärkt die Dienste der hauseigenen Reklameabteilung in Anspruch, die unter der Leitung von Otto Lennhoff stand. In einer umfänglichen Werbekampagne wurde der fast vollendete Bau als „Monument deutscher Arbeit" und als „größtes und vornehmstes Geschäftshaus Sachsens" bezeichnet. Mit Hilfe ganzseitiger Reklameinserate in der Chemnitzer Tagespresse wurde ab dem 13. Oktober 1913 auf das Großereignis aufmerksam gemacht:

„Nicht zu übertreffende Sortimente in allen sechzig Abteilungen! Außerordentliche Preiswürdigkeit,[...]! Solide, fachmännisch geprüfte Qualitäten! Unantastbare Reellität, fachliche Prüfung jedes persönlichen Wunsches! Zuvorkommende Bedienung! Höchste Bequemlichkeit für das kaufende Publikum! Pünktlichkeit und Schnelligkeit in der Ablieferung der gekauften Waren!" /20/.

Die Geschäftsleitung von Tietz schloss die bisherige Verkaufsstätte Ecke Post- und Johannisstraße am Abend des 20. Oktober und gab zwei Tage darauf den Zeitpunkt der Eröffnung des Neubaues bekannt: 23. Oktober, nachmittags 4 Uhr. Tags darauf wurde in der Lokalpresse begeistert über die ersten Verkaufsstunden bei Tietz berichtet /21/.

Die Architekten des bereits erwähnten Büros Lossow & Kühne hatten mit unerreichter „Erfindungsgabe und dekorativer Geschicklichkeit" /22/ dem Haus ein höchst geschmackvolles und mit feinsten Materialien ausgestattetes Innenleben gegeben. Anhand eines illustrierten Berichtes, der im selben Jahr in der Berliner Zeitschrift Architektur und Schaufenster erschien, wird dies besonders deutlich.

Im Erdgeschoss wurden Herren- und Damenartikel, Kurz- und Schreibwaren sowie Stoffe, Handschuhe und Strümpfe, Bücher und Musikalien angeboten. Darüber hinaus befanden sich dort eine Leihbibliothek sowie eine Krankenstube mit Liegeraum.

Das erste Obergeschoss war für Damen- und Kindermode eingerichtet, wie z. B. Konfektion, Wäsche und Pelzwaren. Sie enthielt an interessanten Einzelräumen den Kostümsalon in Zitronenholz mit den Ankleideräumen in den verschiedensten Holzarten: Ahorn, Nussbaum, Birnbaum usw., ferner den Salon für Damenhüte in silbergrauem Ahorn, mit Anproberäumen in weißem Ahorn. Darüber hinaus fand der Kunde ein weitreichendes Angebot an Schuhwaren in dieser Etage vor.

Das zweite Obergeschoss enthielt vorzugsweise die Abteilungen Spielwaren, Teppiche, Gardinen, Kunstgewerbe, Lederwaren, Optik, Uhren und Fotoartikel. Hier befanden sich auch der große Saal für Orientteppiche in Eichenholzausstattung und der Erfrischungsraum in finnischer Birke mit amerikanischer Nussbaumverzierung. Anschließend daran kamen die Küche, die mit den modernsten Dampf- und elektrischen Anlagen ausgestattet war, sowie die Konditorei in der gleichen Ausführung.

Im dritten Obergeschoss befanden sich die Abteilungen für Glas, Haushalt, Porzellan, Beleuchtung usw. sowie die traditionelle Lebensmittelabteilung. In unmittelbarem Anschluss daran lagen die Kühlräume.

Das vierte Obergeschoss beherbergte u.a. Ateliers für Werbe- und Kundendienstzwecke sowie die Speise- und Getränkeversorgung für das Personal.

Im fünften Obergeschoss befanden sich vornehmlich Lagerräume.

Die einzelnen Abteilungen, in denen zunächst 850 Frauen und Männer beschäftigt waren, standen jeweils unter erfahrener fachmännischer Leitung. Durch einen vorteilhaften Einkauf und ein reichhaltiges Lager war das Warenhaus in der Lage, besonders günstige Angebote zu machen. Gekaufte Waren wurden kostenlos zu den Kunden nach Hause gebracht. Im Chemnitzer Stadtgebiet erfolgte die Anlieferung täglich vor- und nachmittags, bei auswärtigen Kunden an bestimmten Wochentagen. Darüber hinaus wurde ein großzügiges Umtauschrecht eingeräumt.

Bei der Einrichtung des Hauses entsprach man allen Anforderungen in Bezug auf Sicherheit und Hygiene, auf zweckmäßige Entlüftung, Beheizung und Beleuchtung in höchstem Maße. Binnen kürzester Zeit wurde das neue Haus zu einer Sehenswürdigkeit in Chemnitz und der weiteren Umgebung, wie es die Bauherrin, die mit dem Monumentalbau eine „Zierde" /23/ für die Stadt schaffen wollte, beabsichtigt hatte.

Ganz im Sinne der Erbauer, wonach das Geschäftshaus nach „innen und außen einen ganz hervorragend künstlerischen Eindruck machen sollte" /24/, entwickelte sich das Warenhaus aber nicht nur zu einem „Einkaufstempel", sondern auch zu einem „Kulturtempel". Bereits im Januar 1914 gab es Konzerte im Erfrischungsraum. Im Frühjahr 1921 entschied die Geschäftsleitung, erstmals

Hermann Schöndorff (1868-1936).

Tietz-Rohbau, erste Etage mit Blick von der Post- zur Wiesen- und Moritzstraße, Anfang 1913.

Rohbau Orientteppichsaal, Frühjahr 1913.

Luftbild aus Osten mit H. & C. Tietz, um 1930.

Luftbild aus Südosten mit H. & C. Tietz, um 1930.

bei Tietz auch grafische Ausstellungen durchzuführen, die von da an in monatlichem Wechsel stattfanden. So zeigte man in jenem Jahr Werke der modernen Künstlergruppe „Neuwerker"/25/. Im selben Jahr wurde eine Handstickereimaschine im Erdgeschoss zur Vorführung für das Publikum aufgestellt. Zusätzlich eröffnete eine gesonderte Abteilung „Kunst". In ihr erhielt der interessierte Chemnitzer Kunstblätter und -mappen, besonders mit Reproduktionen namhafter Künstler sowie einschlägige Literatur. Darüber hinaus erfreute sich die bereits erwähnte Leihbibliothek mit einem Bestand von etwa 6 000 Büchern zunehmender Beliebtheit.

Gustav Gerst konnte mit der Entwicklung seines Warenhauses in Chemnitz mehr als zufrieden sein. Die ersten Umsätze erlaubten ihm, noch vor dem 24. Januar 1914 Teilhaber der Allgemeinen Baugesellschaft mbH zu werden. Nachdem er im März 1914 weitere Anteile erwerben konnte, besaß er zu diesem Zeitpunkt bereits einen Gesellschafteranteil in Höhe von 230 000 Mark. Trotz Ausbruch des Ersten Weltkrieges kam Gerst auch in dieser Zeit seinem Ziel, das Grundstück Poststraße 25 zu übernehmen, ein bedeutendes Stück näher. Im Januar 1916 konnte er bekannt geben, dass die Gesellschafteranteile der Gebr. Schöndorff AG auf ihn übergegangen wären. Als Hauptgesellschafter der Allgemeinen Baugesellschaft konnte er nunmehr deren weitere Entwicklung weitgehend allein bestimmen. 1919 verlegten die Eheleute Gerst ihren Wohnsitz von Bamberg nach Frankfurt (Main), was auch eine Verlegung des Firmensitzes bedeutete. Gustav Gerst, 1918 zum Kommerzienrat ernannt, hatte noch vor August 1920 weitere Gesellschafteranteile aufgekauft. Am 15. September 1924 verkündete er die Auflösung der Gesellschaft und ließ sich sogleich als neuer Eigentümer des genannten Grundstückes in das Grundbuch für die Stadt Chemnitz eintragen. Die Liquidation der Allgemeinen Baugesellschaft mbH war am 24. Oktober 1924 abgeschlossen.

Bereits im Oktober 1923 hatte sich die Leonhard Tietz AG in Köln entschlossen, eine eigenständige Niederlassung in Chemnitz beim zuständigen Amtsgericht anzumelden, was eine eindeutige Aufwertung des sächsischen Standortes in der Unternehmensstrategie der Familie Tietz bedeutete /26/. Daher ist es nur folgerichtig, dass sich in dieser Zeit auch die Berliner Firma Gebr. Tietz in Chemnitz engagierte /27/.

Eröffnungsinserate im Chemnitzer Tageblatt anlässlich der Eröffnung von H. & C. Tietz im Oktober 1913.

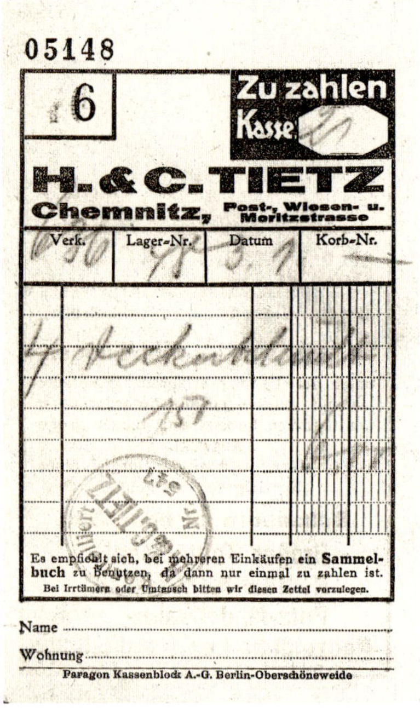

Kassenschein, um 1930.

Rückseite linker Kassenschein.

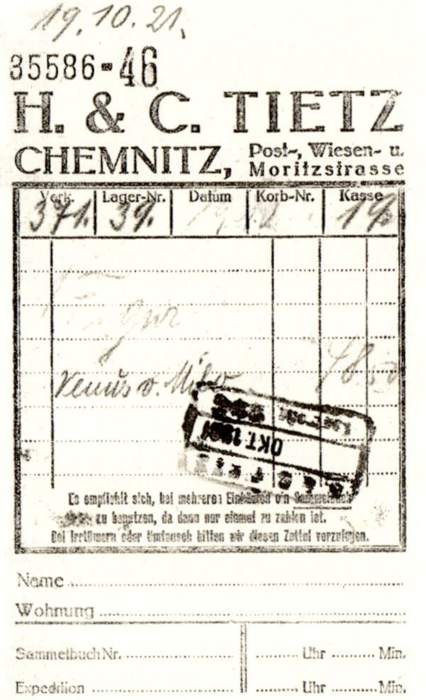

Kassenschein 1921.

Großer Lichthof in Richtung Eingang Wiesenstraße, um 1914.

Erweiterungen in den „Goldenen Zwanzigern"

Mitte der 1920er Jahre stand eine Erweiterung des „Hauses der 60 Spezialabteilungen", wie der monumentale Tietz-Bau an der Poststraße oft genannt wurde, auf der Tagesordnung. Dies wurde schon deswegen erforderlich, da die Geschäftsleitung die behördliche Genehmigung erhalten hatte, das vierte Obergeschoss zu Verkaufszwecken nutzen zu können, und infolgedessen die dortigen Ateliers und Personalräume verlegen musste. Gleichzeitig sollte ein weiterer Krankenraum für die im Warenhaus tätigen Samariter geschaffen werden.

Für die anstehenden Bauvorhaben konnte Gustav Gerst den angesehenen Chemnitzer Architekten Erich Basarke (1878-1941), der unmittelbar zuvor das Gebäude der Deutschen Bank am Falkeplatz beendet hatte, gewinnen. Bereits im Mai 1926 begann dieser mit der Einrichtung eines neuen Teeraumes im zweiten Stock, der wenig später als „hervorragend gelungen" /28/ eingeschätzt wurde. Die Firmenleitung setzte in dieser Zeit all ihre Kräfte ein, das für den geplanten Anbau benötigte Nachbargrundstück Moritzstraße 20 zu erwerben. Im Dezember 1926 reichte Erich Basarke beim Baupolizeiamt der Stadt Chemnitz den Antrag auf Neubau eines Verwaltungs- und Werkstättengebäudes ein. Die amtliche Genehmigung ging bei ihm bereits am 10. Mai 1927 ein; die letzten strittigen Fragen mit den Anliegern konnten wenig später geklärt werden.

Ein Mauerdurchbruch in Höhe des ersten Obergeschosses verband beide Bauten. Beim Anbau griff Erich Basarke an der Fassade die von Wilhelm Kreis vorgegebene Pfeilerstruktur auf. Ansonsten war er nicht bemüht, eine organische Einheit mit dem vorhandenen Gebäudekomplex herzustellen. In den Geschosshöhen, dem Dach und der Straßenbreite übernahm er die Grundstruktur des vorher dort vorhandenen Hauses. Das Grundstück wurde mit dem bereits existierenden Hof verbunden und das Gebäude funktional an das Warenhaus angebunden. Auch die Ausführung des Neubaus erfolgte in einer Stahlbetonskelettbauweise.

Im April 1927 nahm Erich Basarke die gewünschten Veränderungen im vierten Stockwerk in Angriff. Besonders die dort acht Monate später fertig gestellte Lebensmittelhalle mit Kühlanlagen und Eismaschinen gehörte, neben dem Einbau des künstlerisch ausgeführten Konditoreiraumes mit eigenem Konditoreibetrieb im zweiten Obergeschoss, zu den bedeutendsten Neuerungen im Gebäude Tietz nach 1913. Beide Projekte wurden nach zeitgenössischer Einschätzung von Erich Basarke „vortrefflich und höchst geschmackvoll" /29/ ausgeführt. Zeitgleich wurde die Damenkonfektionsabteilung in der zweiten Etage beträchtlich vergrößert, da ihr bisheriger Umfang „dem ständigen Steigen der Kundenzahl" /30/

Anbau von Erich Basarke an der Moritzstraße, um 1930.

Einkaufshaus Hermann Tietz am Hauptbahnhof, Obere Georgstraße, um 1928.

Dekoration in der Haushaltswarenabteilung für die „Weiße Woche", um 1930.

Dekoration im Erdgeschoss für die „Weiße Woche", um 1930.

nicht mehr genügte. Gerade diese räumlichen Veränderungen waren dadurch begünstigt worden, dass sich im Januar 1927 die Sächsische Textilgesellschaft mbH (Sätex) als Einkaufshaus Hermann Tietz, das eng mit der Tietz Ex- und Import-Gesellschaft mbH in Berlin verbunden war, in Chemnitz endgültig niederließ. Ihre Geschäftsräume hatte die Sätex zunächst in dem bahnhofsnahen Fabrikgebäude Obere Georgstraße 3-5, bevor sie 1928 auf das Industriegelände Zwickauer Straße 173/175 zog.

Die Umbaumaßnahmen führten insgesamt zu einer Vergrößerung der Verkaufsfläche und einer wesentlichen Verbesserung der Arbeitsbedingungen für die zahlreichen Beschäftigten. Waren es im Mai 1927 noch 984 Mitarbeiter (davon 786 weibliche), so waren es zwei Jahre später bereits über 1 200. Die Geschäftsleitung nutzte die Rekonstruktion des Warenhauses, um ihre Kunden mit Hilfe eines „Tietz - Unterhaltungsspieles" über die veränderte Anordnung der 60 Abteilungen und die jeweiligen Verkaufsstände aufzuklären. Erst nach Abschluss der Bauvorhaben konnten die Frankfurter Firmeninhaber auf die anstehenden Herausforderungen des Marktes reagieren. Seit Herbst 1925 waren in Deutschland zum Vertrieb von Gegenständen des täglichen Bedarfs „Einheitspreishandelsgesellschaften" gegründet worden, deren Konzeption darin bestand, den einzelnen Artikeln nur wenige Preisklassen zuzuordnen. Auch wurde eine beschränkte Selbstbedienung eingeführt. Die Eheleute Gerst entschlossen sich im September 1929, solch ein Geschäft auch in Chemnitz zu etablieren. Jeder Artikel sollte in den niedrigen Preislagen zu 25, 50, 75 und 100 Pfennig angeboten werden. Am 22. November 1929 wurde im Erdgeschoss des zentrumsnahen Geschäftshauses Augustusburger Straße 29/31, in dem sich das Lichtspieltheater „Schauburg" befand, die KA-PE Kleinpreis-Gesellschaft mbH eröffnet. Als deren Geschäftsführer wurde wiederum Hermann Fürstenheim bestellt.

Dekoration und Reklame, bereits damals „mächtige Helfer für die Umsatzsteigerung" /31/, wurden auch von Direktor Fürstenheim und der Reklameabteilung des Hauses H. & C. Tietz zunehmend ausgebaut. Große Begeisterung lösten vor allem die mit Geschmack und Hingabe gestalteten Ausstellungen in den 27 Schaufenstern bei den Kunden aus, wie z.B. die zu den jeweiligen Saisonhöhepunkten, besonders zu Weihnachten entworfenen Innendekorationen. Zugleich beteiligte sich die Warenhausleitung massiv an der Umsetzung der Idee des Sommer- und Winterschlussverkaufes. Verkaufsfördernde Maßnahmen gehörten ebenfalls zur Tagesordnung, wie z. B. der Einsatz von Seelöwen während der „Fischwochen" in der Lebensmittelabteilung. Bei der Erarbeitung neuer Ideen spielten nicht nur die Bedürfnisse der erwachsenen Kundschaft eine Rolle, sondern auch die der Kleinsten, wie in Inseraten immer wieder betont wurde: „Die Großen denken an die billigen Kaufgelegenheiten, die Buben und Mädels an die vielen Belustigungen. Ja, ja, Tietz hat an alle gedacht, allen wird etwas besonderes geboten" /32/. So wurden die Abteilungen oft zu gewagten Reklamezwecken genutzt; z.B. als mehrere aus dem Leipziger Zoo überlassene Tiere im Anschluss an die Eröffnung einer neuen Spielwarenausstellung gezeigt wurden und die anwesenden Kinder in helle Begeisterung versetzten. Bereits seit November 1913 zogen im orientalischen Teppichsaal aufgeführte Märchenspiele unzählige Kinder aus Chemnitz und der Umgebung an.

Inwiefern die Gründer der 1907 errichteten Oskar-und-Betty-Tietz-Stiftung auch in Chemnitz aktiv waren, kann nicht mit Bestimmtheit gesagt werden /33/. Die Inhaber von H. & C. Tietz waren aber bekannt dafür, dass sie gerade den sozialen Bereich in ihrem Unternehmen großzügig förderten und ihre Mitarbeiter davon bis ins Alter hinein profitierten. Tatkräftig wurde von ihnen auch die öffentliche Wohlfahrtspflege in der Stadt, besonders während der Weltwirtschaftskrise unterstützt, wie z. B. der Ehrentafel der Chemnitzer Nothilfe 1931/32 zu entnehmen ist. Von November 1931 bis März 1932 gab die Geschäftsleitung monatlich 1 200 Gutscheine mit einem Warenwert von 5 RM aus, die zum Kauf von Lebensmitteln und Schuhwerk berechtigten.

Eröffnungsanzeige Ka-Pe, 1929.

Warenhaus H. & C. Tietz mit dem Tietz-Logo auf dem Dach, um 1930.

Erfrischungsraum, um 1928.

Kasse in der Lebensmittelabteilung, um 1928.

Lebensmittelabteilung, um 1928.

Theke in der Lebensmittelabteilung, um 1928.

Weinabteil in der Lebensmittelabteilung, um 1928.

Damenkonfektion, um 1928.

Niedergang und Zerstörung im Dritten Reich

„Das Warenhausgewerbe war bis zur Machtübernahme durch den Nationalsozialismus eine Domäne des Judentums", hieß es in einem Artikel des „Frankfurter Volksblattes" im Jahr 1936. Vor allem die großen Kaufhauskonzerne, die sich in jüdischem Familienbesitz befanden, diffamierte die NS-Propaganda zunehmend als »Judenkaufhäuser«.

Unter dem Druck der Ereignisse waren die Warenhäuser immer mehr und mehr in finanzielle Schwierigkeiten geraten. Die deutschen Bankhäuser nutzten die Gunst der Stunde und boten zunächst ihre „Hilfe" an, die keinesfalls uneigennützig war, und gewährten großzügige Kredite. Die Hermann Tietz OHG ging daher im Juli 1933 in die Hertie Kaufhaus – Beteiligungsgesellschaft mbH über /34/. Die Leonhard Tietz AG wurde im selben Monat in die Westdeutsche Kaufhof AG umgewandelt. Im August 1934 mussten mit Georg und Martin Tietz die letzten Familienmitglieder den ehemaligen Hermann Tietz Konzern verlassen. Das Anschlusshaus H. & C. Tietz, juristisch eine selbständige Firma, blieb hingegen weiterhin im Alleinbesitz des Kommerzienrates Gerst, obwohl auch diesem durch einen im Herbst 1932 aufgenommenen Kredit nur noch wenig Handlungsspielraum verblieb.

Anfang der 1930er Jahre war das Warenhaus H. & C. Tietz, das damals über 1000 Mitarbeiter hatte, ein bedeutender Wirtschaftsfaktor in der Stadt Chemnitz. Der hiesige NS-Kampfbund für den gewerblichen Mittelstand, der den „Boykott jüdischer Waren, jüdischer Ärzte und jüdischer Rechtsanwälte" am 1. April 1933 organisierte, setzte auch das Haus H. & C. Tietz auf die Liste der Geschäfte /35/, die von der Chemnitzer Bevölkerung von nun an gemieden werden sollten. SA- und SS-Männer zogen an diesem Tag vor den jüdischen Lokalen und Geschäftshäusern auf. Sie hatten Plakate umgehängt, auf denen Parolen standen, wie „Deutsche, verteidigt Euch gegen die jüdische Greuelpropaganda, kauft nur bei Deutschen!" /36/. Am 3. April berichtete die Chemnitzer Tageszeitung, das hiesige Sprachrohr der NSDAP: „Die Ramschbuden Tietz, Schocken, Balkind und Nordheimer schlossen von selbst ihre Pforten, an keiner Stelle wurde Widerstand geleistet." In diesen Tagen kam es aber auch zu Verhaftungen und Morden. So wurde der bekannte jüdische Rechtsanwalt Dr. Arthur Weiner aus Chemnitz in der Nacht zum 11. April 1933 brutal ermordet /37/.

Aufgrund des Boykotts und der fortgesetzten Einschüchterung der langjährigen Kundschaft ging der Umsatz bei Tietz in der Folgezeit drastisch zurück. Darüber hinaus musste der in der Bevölkerung geschätzte Erfrischungsraum im zweiten Obergeschoss, an den sich Ilse Rewald, die mittlerweile 86-jährige Berliner Nichte des Warenhausdirektors, noch 70 Jahre später mit Begeisterung erinnerte, geschlossen werden /38/.

Der Geschäftsleitung von H. & C. Tietz wurde nach 1933 der Zugang zu den großen Chemnitzer Tagesblättern schrittweise versperrt. Fürstenheim nutzte nunmehr verstärkt die Plattform, die ihm die Jüdische Zeitung für Mittelsachsen, das Mitteilungsblatt der Jüdischen Gemeinden in Chemnitz, Annaberg, Plauen und Zwickau, bot. Mit Beilagen und Inseraten warb man gleichwohl wie das Kaufhaus Schocken innerhalb der Chemnitzer Juden, deren Zahl durch die erzwungene Abwanderung, u. a. Herbert Warschauer, Einkäufer bei Tietz, stetig abnahm, für die eigenen Waren und Dienste. Zudem wollte man mit dem Zusatz „Seit 1904 in Chemnitz" die angestammte Tradition des Hauses in der hiesigen Geschäftswelt hervorheben /39/.

Trotz der sich ständig verschlechternden Situation ließ Hermann Fürstenheim noch im Herbst 1934 den Eingangsbereich des Warenhauses durch Erich Basarke umbauen. Die eingebauten Drehtüren sollten künftige Erkrankungen des Personals verhindern /40/.

In dieser Zeit hatten Gustav Gerst, dessen Ehe kinderlos geblieben war, und Hermann Fürstenheim eine „interne" Vereinbarung getroffen, wonach das Warenhaus 1946 in den Besitz der Familie Fürstenheim übergehen sollte. In jenem Jahr wollte der dann 65-jährige Firmeninhaber in den verdienten Ruhestand gehen /41/. Unabhängig davon sah sich Gerst 1935/36 gezwungen, für den Erhalt seiner Warenhäuser entweder noch mehr fremde Hilfe in Anspruch zu nehmen oder sich von diesen zu trennen. In diesem Zusammenhang schaltete sich wohl die Commerz- und Privatbank AG, seine bisherige Hauptgeldgeberin, ein. Bei ihm meldete sich unerwartet der Geschäftsmann Heinrich Harm, der u. a. für die Hertie Waren- und Kaufhaus GmbH in Berlin tätig gewesen war, im Auftrag des genannten Bankhauses. Aufgrund der anschließenden Gespräche wurden im Juli 1936 zwei Vertragstexte vorbereitet, wonach Gerst aus seinem Unternehmen ausscheiden, aber die Grundstücke in Chemnitz und Bamberg behalten und diese auf die Dauer von 20 Jahren an Harm verpachten sollte. Der Geschäftsführer der Heinrich Harm GmbH bat den Chemnitzer Oberbürgermeister, die laut Einzelhandelsschutzgesetz erforderliche Genehmigung zu erteilen. Der Antrag löste beim Chemnitzer Einzelhandel sofort Unruhe aus, denn eine Arisierung von H. & C. Tietz hätte für diesen beachtliche Umsatzeinbußen bedeutet. Bereits am 4. August meldeten sich Beauftragte des Chemnitzer Textileinzelhandels zu Wort und wandten sich kategorisch gegen eine „für den Einzelhandel gefahrbringende Arisierung der Firma Tietz" /42/ und schlugen stattdessen die Einrichtung einer dauerhaften „Leistungsschau von In-

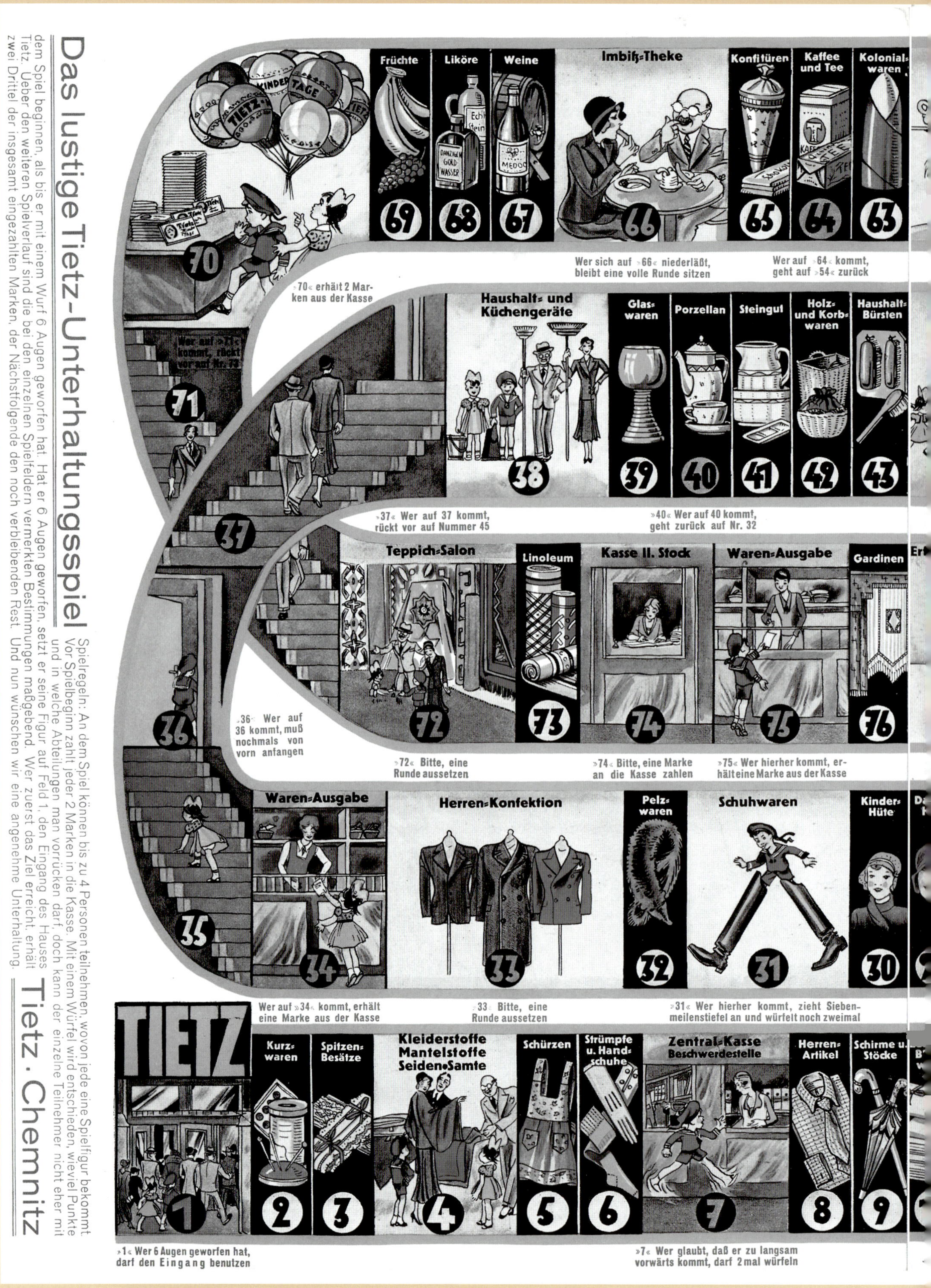

Spiel des Warenhauses H. & C. Tietz, um 1930.

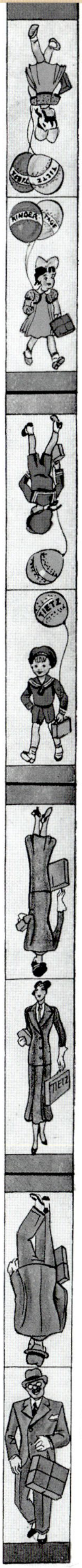

Die Figuren werden bei den kräftigen Linien auseinandergeschnitten, sodann in der Mitte gebrochen und Rückseite gegen Rückseite zusammengeklebt. Die Fußbalken knicke man vorher nach außen, damit die Figur aufrecht stehen kann.

Tietz-Anzeige, Jüdische Zeitung für Mittelsachsen, 1937.

dustrie und Gewerbe für Chemnitz und Ostsachsen" in dem Gebäude vor. Die hiesige Kreisleitung der NSDAP unterstützte wenig später diesen Vorschlag. Am 3. September fand eine Ratsausschusssitzung zum Warenhaus Tietz statt, die jedoch ohne fassbare Ergebnisse endete.

Noch im September 1937 konnte sich Hermann Fürstenheim um den Vorrat an Koks für den bevorstehenden Winter kümmern, den er ausnahmsweise in einem Schuppen im Hof lagern wollte. Eine Auswanderung kam für ihn als Frontkämpfer im Ersten Weltkrieg nicht in Frage. Das Haus Tietz war anscheinend aus der öffentlichen Diskussion verschwunden. Lediglich am 27. April 1938 war es in aller Munde, als die 17-jährige Kontoristin Else Kreißig durch einen tragischen Unglücksfall zu Tode kam. Während einer Pause hatte sie in dem im fünften Obergeschoss gelegenen Dachgarten verbotenerweise das dortige Oberlichtfenster betreten und war dabei aus über 20 Meter Höhe ins Erdgeschoss gestürzt. Am folgenden Morgen erlag die junge Frau, die „Spiel und Freude" gesucht hatte, wie es im Nachruf der Ge-

Anzeige Programmheft des Cirkus Sarrasani, nach 1933.

Dekorateure der Werbeabteilung am 12. Januar 1937.

Dekorateure auf dem Dach des beliebten Pausenplatzes der Mitarbeiter, um 1930.

schäftsführung und Belegschaft von H. & C. Tietz hieß, im Krankenhaus ihren schweren Verletzungen /43/.

Am 9. November 1938 wurden von den Nationalsozialisten landesweit Pogrome inszeniert, die den Höhepunkt der bisherigen Judenverfolgung bildeten /44/. In ganz Deutschland wurden über 250 Synagogen und Betstuben verwüstet oder in Brand gesteckt, etwa 7 500 jüdische Geschäfte, Wohnungen und Schulen geplündert. 91 jüdische Männer und Frauen kamen in jener Nacht, später verharmlosend als „Reichskristallnacht" bezeichnet, zu Tode. In Chemnitz wurden 172 jüdische Männer verhaftet, worunter sich auch Mitarbeiter von Tietz befanden: u. a. die Einkäufer Erich Jacoby (im Juli 1942 nach Auschwitz deportiert) und Walter Leipziger sowie der frühere Abteilungsleiter Albert Epstein (1949 kurzzeitig Vorsteher der Jüdischen Gemeinde Chemnitz).

In der Lokalpresse war über diese schrecklichen Ereignisse zu lesen: „Auch in Chemnitz machte sich die bis zur Siedehitze gestiegene Empörung der Bevölkerung gegen die Juden in der Nacht vom Mittwoch zum Donnerstag in spontanen Kundgebungen und Aktionen Luft. Dabei wurden neben einem Brand in der Synagoge von den mit Recht erregten Volksgenossen die Schaufenster der jüdischen Geschäfte zertrümmert, wobei bemerkt werden muß, daß sich kein deutscher Volksgenosse an den Auslagen vergriffen hat." /45/.

Entgegen dieser Meldung fanden jedoch Plünderungen statt, die auch das Warenhaus H. & C. Tietz betrafen. Zwei der an der späteren Mordtat Beteiligten hatten sich gegen 22 Uhr in einer Gaststätte gegenüber dem Kaufhaus aufgehalten und wenig Zeit später erlebt, dass „es draußen auf der Straße unruhig [wurde - J.N.]. Fensterscheiben klirrten und Schüsse fielen." Als sie hinausgingen, stellten sie fest, „daß bewaff-

Eisenbahnausstellung zur Weihnachtszeit, 1930er Jahre.

Bild zum Fenstersturz von E. Kreißig.

Ida Fürstenheim (1882-1940).

Hermann Fürstenheim (1877-1938).

nete Uniformierte und Zivilisten in die Scheiben des Kaufhauses Tietz Steine warfen und hineinschossen" /46/.

Zu den in der Reichspogromnacht getöteten Juden gehörte auch der Chemnitzer Hermann Fürstenheim. Die Namen seiner Mörder liegen aufgrund einer Untersuchung des Obersten Parteigerichtes der NSDAP vom 12. Januar 1939 in Dresden vor: SA-Sturmbannführer Werner Puchta, SA-Obersturmführer Werner Görmer, SS-Rottenführer Guido Immerthal und SS-Rottenführer Kurt Müller. Dank gerichtlichen Untersuchungen in den 1950er und 1960er Jahren ist der Hergang des Verbrechens in der Villa Fürstenheim, Weststraße 13, das gerade einmal 30 Minuten dauerte, weitestgehend bekannt:

„Zunächst geboten zwei des Kommando-Trupps etwa morgens gegen fünf Uhr dem Hausmeister, sie vor die verschlossene Schlafzimmertür des Ehepaares Fürstenheim im I. Stockwerk zu führen. Zugleich drangen zwei weitere Männer per Leiter über die Veranda in die Räume ein, trieben Hermann Fürstenheim hinab in den Waschhauskeller, schickten dort die Hausmeisterfrau aus dem Blickfeld und schossen schließlich mehrfach auf ihr schuld- und wehrloses Opfer." /47/

Fürstenheims Leichnam wurde bereits am Folgetag von der Geheimen Staatspolizei freigegeben, hier eingeäschert und die Urne auf Veranlassung der Witwe Ida Fürstenheim (geb. Basch), die unmittelbar nach der Schreckensnacht aus der Stadt geflohen war, am 17. November 1938 nach Berlin überführt und wenig später auf dem Jüdischen Friedhof in Weißensee beigesetzt. Ihre beiden Söhne waren bereits ausgewandert.

Nach Fürstenheims Tod wurde der Chemnitzer Wirtschaftsprüfer Dr. Walter Müller, ehedem Sozialdemokrat, der seit Februar 1936 als Personalchef und stellvertretender Betriebsführer bei H. & C. Tietz tätig gewesen war, zum Geschäftsführer bestellt. Nach eigenen Angaben blieb er dies, „bis die Firma Ende 1938 infolge des nationalsozialistischen Boykotts geschlossen werden mußte."/48/. Noch am 27. November hatte sich ein Kaufmann aus Halle (Saale), der sich als Leiter einer Finanzgruppe ausgab, an den Chemnitzer Oberbürgermeister gewandt und sein Interesse an der Übernahme des verwüsteten Warenhauses bekundet /49/. Jedoch waren nicht alle jüdischen Firmen, wie es in der bereits erwähnten NS-Lokalzeitung hieß, „arisierungsfähig" /50/.

Am 5. Dezember 1938 wurde über das Vermögen von Gustav Gerst (die Fir-

Villa Fürstenheim, Weststraße 13, um 2000.

Gedenktafel für H. Fürstenheim.

men Tietz & Co. in Frankfurt, H. & C. Tietz in Bamberg und Chemnitz) wegen „Zahlungsunfähigkeit" der Konkurs eröffnet. Als Konkursverwalter wurde der Frankfurter Justizrat Dr. Schmidt-Scharff eingesetzt. Dr. Müller, der noch bis Sommer 1939 für die Konkursverwaltung tätig war, leitete die Abwicklung der Geschäfte vor Ort. Bereits damals stand fest, dass ein baldiges Ende des Konkursverfahren nicht vorauszusehen war /51/. Teile der Belegschaft mussten das Warenlager unentgeltlich auflösen. Der Frankfurter Konkursverwalter ließ in dieser Zeit prüfen, ob das Warenhaus unter Umständen für die Einlagerung von Getreide in Frage käme, sicher eine makabre Vorstellung. Im September 1939 entließ er das Grundstück Poststraße 25 aus der Konkursmasse. Eine Nutzung als städtisches Verwaltungsgebäude wurde kurzzeitig in Erwägung gezogen, aber wegen zu hoher Umbaukosten (etwa 1 600 000 RM) im Juni 1940 wieder verworfen. Der Plan des Chemnitzer Kinobesitzers Otto Haufe, ein Lichtspieltheater in das leer stehende Gebäude einzubauen, scheiterte auch. Stadtbaurat Fred Otto hatte stets darauf verwiesen, „daß der von Prof. Wilhelm Kreis errichtete Bau aus architektonischen und städtebaulichen Gründen möglichst unverändert erhalten bleiben" /52/ müsste.

Durch Vermittlung des Ratsherrn Siegfried Hauschild, der zum Abwesenheitspfleger für Gustav Gerst bestellt worden war, konnten der Chemnitzer Kaufmann Henry Escher und sein Syndikus Dr. Herbert Grafe ab Juni 1940 den Erwerb des ehemaligen Warenhausareals vorantreiben. Der spätere Kaufpreis in Höhe von 800 000 RM lag weit unter dessen damaligem Verkehrswert. Dazu wäre noch die so genannte Reichsausgleichsabgabe gekommen, die vom hiesigen Steueramt mit 761 000 RM festgesetzt worden war, die jedoch Eschers Grundbesitz GmbH nie zahlte. Escher beabsichtigte, das Gebäude während des Krieges für besondere Lagerzwecke zu nutzen. Für Instandsetzungsarbeiten, die nach über zwei Jahren Leerstand notwendig geworden waren, wollte er bis zu 80 000 RM ausgeben. Gleichzeitig entwickelte er ein Nutzungskonzept für die Nachkriegszeit: Einbau eines Kinos, von Läden, Geschäftsräumen und eines Kaffeehauses, für das schon die Inhaber des benachbarten Reichs-Kaffees Interesse bekundet hatten. Sehr schnell konnte Escher das Haus an das Marinebekleidungsamt Wilhelmshaven vermieten und ließ deswegen den Innenraum teilweise umbauen, ohne jedoch dafür baupolizeiliche Genehmigungen zu besitzen. Möglicherweise ließ der neue Eigentümer in dieser Zeit auch die Kupferdächer auf beiden Gebäuden entfernen. Wohl aufgrund dieser teils unklaren Abmachungen und Vorgehensweisen wurde Henry Escher 1943 in Haft genommen, jedoch nach einer erneuten Prüfung der Anklage durch die Berliner Staatsanwaltschaft im Februar 1944 wieder entlassen. Der Konkursverwalter hatte im September 1944 mit einem Teil der geretteten „Gerst-Akten" das zerbombte Frankfurt verlassen und in der Nähe von Torgau Zuflucht bei seiner Tochter gefunden. Bereits Ende 1938 waren die Eheleute Gerst nach Göteborg (Schweden) und von dort in die USA ausgewandert.

Im Frühjahr 1945 wurde das Gebäude des einstigen Warenhauses während der anglo-amerikanischen Luftangriffe auf die Stadt Chemnitz durch Spreng- und Brandbomben schwer beschädigt und brannte größtenteils aus.

Jürgen Nitsche

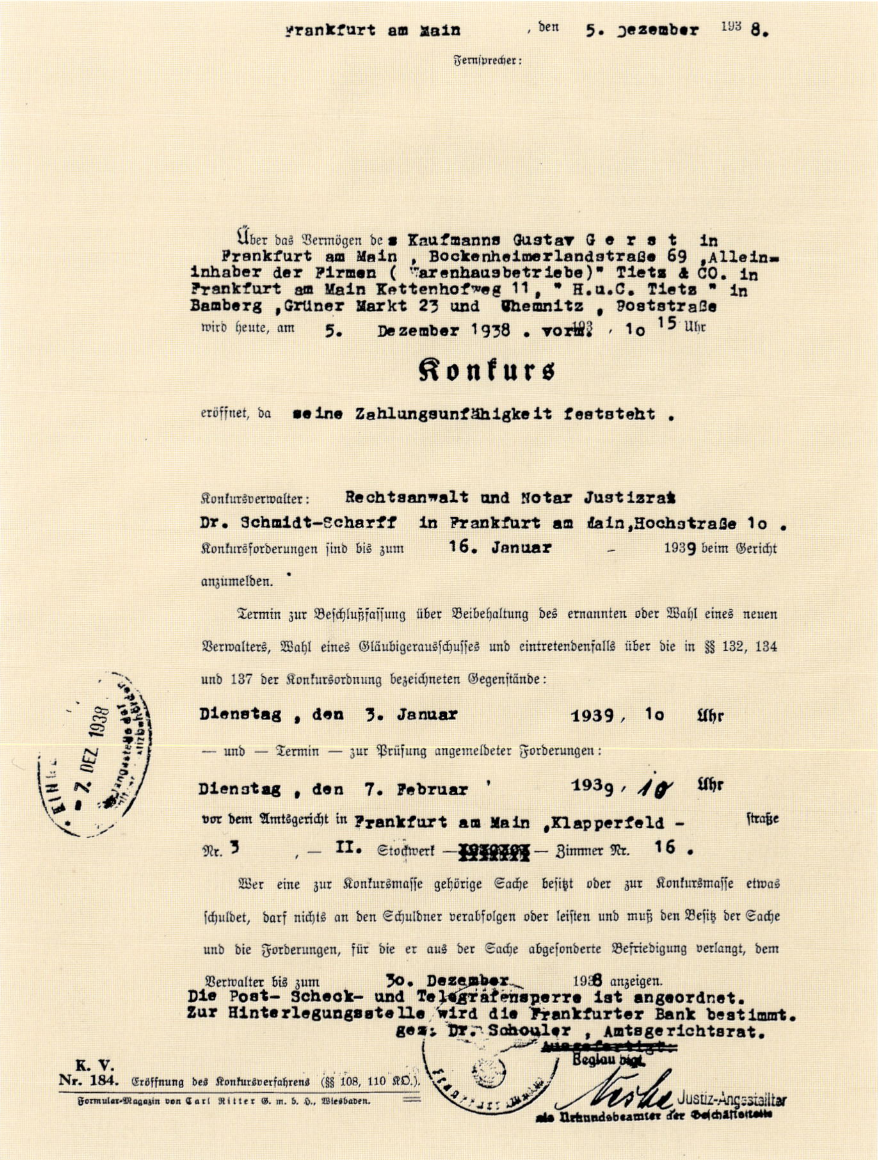

Frankfurt am Main, den 5. Dezember 1938.

Fernsprecher:

Über das Vermögen des Kaufmanns Gustav G e r s t in Frankfurt am Main, Bockenheimerlandstraße 69, Alleininhaber der Firmen („Warenhausbetriebe)" Tietz & CO. in Frankfurt am Main Kettenhofweg 11, " H.u.C. Tietz " in Bamberg, Grüner Markt 23 und Chemnitz, Poststraße wird heute, am 5. Dezember 1938. vorm. 10 15 Uhr

Konkurs

eröffnet, da seine Zahlungsunfähigkeit feststeht.

Konkursverwalter: Rechtsanwalt und Notar Justizrat Dr. Schmidt-Scharff in Frankfurt am Main, Hochstraße 10.

Konkursforderungen sind bis zum 16. Januar 1939 beim Gericht anzumelden.

Termin zur Beschlußfassung über Beibehaltung des ernannten oder Wahl eines neuen Verwalters, Wahl eines Gläubigerausschusses und eintretendenfalls über die in §§ 132, 134 und 137 der Konkursordnung bezeichneten Gegenstände:

Dienstag, den 3. Januar 1939, 10 Uhr

— und — Termin — zur Prüfung angemeldeter Forderungen:

Dienstag, den 7. Februar 1939, 10 Uhr

vor dem Amtsgericht in Frankfurt am Main, Klapperfeld-straße Nr. 3, — II. Stockwerk — Zimmer Nr. 16.

Wer eine zur Konkursmasse gehörige Sache besitzt oder zur Konkursmasse etwas schuldet, darf nichts an den Schuldner verabfolgen oder leisten und muß den Besitz der Sache und die Forderungen, für die er aus der Sache abgesonderte Befriedigung verlangt, dem Verwalter bis zum 30. Dezember 1938 anzeigen.

Die Post- Scheck- und Telegrafensperre ist angeordnet.
Zur Hinterlegungsstelle wird die Frankfurter Bank bestimmt.
gez. Dr. Schouler, Amtsgerichtsrat.

~~Ausgefertigt.~~
Beglaubigt.
Justiz-Angestellter als Urkundsbeamter der Geschäftsstelle

K. V.
Nr. 184. Eröffnung des Konkursverfahrens (§§ 108, 110 KO.).
Formular-Magazin von Carl Ritter G. m. b. H., Wiesbaden.

Konkursdokument des Amtsgerichtes Frankfurt a. M., 1938.

Wilhelm Kreis, Büste von Karl Albiker.

Wilhelm Kreis
Architekt des Warenhauses H. & C. Tietz

Zum Wirken von Wilhelm Kreis in Sachsen

Zu Wilhelm Kreis ist bereits eine Vielzahl von Arbeiten und Selbstzeugnissen erschienen /1/. Aufgabe dieses Beitrages soll deshalb nicht sein, eine umfassende Würdigung des Architekten vorzunehmen, sondern eine kurze historisch-biografische Einführung zur Person unter besonderer Berücksichtigung seines Wirkens in Sachsen zu geben und im Weiteren sein Chemnitzer Warenhaus vorzustellen.

Obwohl Wilhelm Kreis nicht mit einem ihn wirklich kennzeichnenden Architekturstil zu verbinden ist, zählt er zu den profiliertesten deutschen Architekten des 20. Jahrhunderts. Winfried Nerdinger bezeichnet ihn für die Periode bis 1914 als einen der „Hauptrepräsentanten 'bürgerlicher' Monumentalbaukunst" und zählt ihn neben seinen Altersgenossen Peter Behrens (1868-1940), Hans Poelzig (1869-1936) und Fritz Schumacher (1869-1947) unbestritten „zu den führenden Vertretern" dieser „deutschen Architektengeneration" und insgesamt für das 20. Jahrhundert als einen „Repräsentanten der deutschen Architektur" /2/. Ähnlich charakterisiert ihn auch Achim Preiß, der Wilhelm Kreis als einen „Vorläufer und Pionier des heutigen Mode- und Stararchitekten" /3/ nennt. Herausragend sind bei Kreis seine Produktivität sowie die Viel- und Wechselseitigkeit seines über 60-jährigen fast ununterbrochenen Schaffensprozesses. Beindruckend ist die Liste des über 250 Bauwerke und Entwürfe zählenden Werkverzeichnisses von Kreis /4/. Seine Stärke, die ihm einen festen Platz in der Architekturgeschichte einräumt, ist sein Hang zu Monumentalbauten mit der Fähigkeit, diese handwerklich perfekt und künstlerisch anspruchsvoll zu gestalten. Ein besonderes Kennzeichen, womit sich Kreis aus der Architektengilde des letzten Jahrhunderts abhebt, ist die Tatsache, dass er in vier nacheinander folgenden unterschiedlichen politischen Systemen – vom Kaiserreich über die Weimarer Republik, in der NS-Zeit bis in die frühe Bundesrepublik – immer wieder als Architekt für monumentale Bauwerke in Erscheinung tritt.

Wilhelm Kreis, um 1914.

Wilhelm Heinrich Kreis wird am 17. März 1873 in Eltville am Rhein in bescheidenen Verhältnissen als sechstes von neun Kindern geboren. In einem streng katholischen Elternhaus erfolgt seine Erziehung. Seine Vorfahren waren Winzer, wobei sein Vater den Ausbruch aus dieser Linie und den Aufstieg zum kleinen Beamten, als Landvermesser, schafft. Nach dem Besuch des Gymnasiums in Wiesbaden studiert Wilhelm Kreis von 1893 bis 1897 an den Hochschulen München, Karlsruhe, Berlin-Charlottenburg und Braunschweig Architektur. Als die Lehrer, die ihn besonders prägten, nennt er später die beiden an der Technischen Hochschule München lehrenden Brüder August von Thiersch, bei dem er sein zeichnerisches Talent vervollkommnen konnte, und Friedrich von Thiersch, der ihn in die große Architektur der damaligen Zeit einführte /5/.

Seine Architektenlaufbahn startet Kreis noch als Student 1896 unter einem glücklichen Stern, der ihn in kürzester Zeit deutschlandweit bekannt und berühmt machen wird. Beim Wettbewerb für das Völkerschlachtdenkmal zu Leipzig gewinnt er im Alter von 23 Jahren mit seinem Entwurf „Walküre" vor der gesamten deutschen Architektenprominenz den ersten Preis für diesen renommierten Monumentalbau, der im deutsch-nationalen Sinne architektonisch den Triumph Deutschlands über Frank-

reich verkörpern sollte. Obwohl nicht sein, sondern der Entwurf von Bruno Schmitz zur Ausführung kommt, fließen viele seiner Vorstellungen in das 1913 eingeweihte Bauwerk ein.
Nach dem Staatsexamen zum Bauführer in Braunschweig 1897 ist er schon mit der Aura des Genies umwoben und findet Zugang zu den bedeutendsten deutschen Architektenbüros dieser Zeit. Eines der besonderen Talente von Wilhelm Kreis liegt in seinen zeichnerischen Fähigkeiten. Bereits in seinen Architektur- und Perspektivzeichnungen kann er vor der Errichtung der Bauwerke diese weitgehend authentisch vorwegnehmen. 1897 beginnt er beim Architekten Hugo Licht (1841-1923), der ihn mit der Anfertigung von Schauplänen für den Neubau des Leipziger Rathauses beauftragt.
1898 macht Kreis wieder mit einem beachtlichen Erfolg auf sich aufmerksam. Er gewinnt alle drei ersten Preise beim Wettbewerb um die Gestaltung von Bismarcktürmen. Damit ist er im ersten Jahrzehnt des 20. Jahrhunderts der gefeierte Architekt für derartige Bauwerke in Deutschland. Über 60 Entwürfe werden durch ihn erarbeitet und davon mindestens 47 realisiert /6/. In Sachsen liefert er Projekte für Türme auf der Räcknitzhöhe Dresden, auf dem Galgenberg bei Freiberg , der Landskrone Görlitz und dem Kemmler in Plauen. Besondere Beachtung findet ebenfalls sein 1902 in Eisenach eingeweihtes Burschenschaftsdenkmal.
1899 wechselt Kreis ins Büro des damals wohl prominentesten deutschen Architekten und Erbauers des Reichstages, Paul Wallot (1841-1912), nach Dresden und assistiert ihm beim Bau des Ständehauses in der sächsischen Residenzstadt. Die Einrichtung des Sitzungssaales der Zweiten Kammer, die auf einen selbstständigen Entwurf von Kreis zurückging, erregte ob ihres ungewöhnlichen Materialeinsatzes breites Aufsehen /7/.
Durch seinen Berliner Studienfreund Hans Hähn lernt Kreis dessen Schwester Hedwig (gen. Hattchen) kennen, die er 1899 heiratet. Dabei kommt es bei Kreis zum Bruch mit seiner Familie, die die Heirat mit einer „Protestantin" missbilligt. Die Welt, welche die Braunschweiger Fabrikantenfamilie Hähn umgibt, weitet für den jungen Kreis den Horizont. Über diese Beziehungen befreundet er sich mit zahlreichen Künstlern und Schriftstellern, unter ihnen Käthe Kollwitz und Richarda Huch, eine Verwandte der Hähns.
1902 erhält Kreis eine Berufung als Professor für Raumkunst an die Kunstgewerbeschule in Dresden. Hier gehört u. a. der damals aus Chemnitz kommende „Brücke"-Mitgründer Ernst Heckel zu seinen Studenten und wird später Assistent in seinem Büro. Kreis ist Gründungsmitglied des Dürerbundes in Dresden. Die Initiative dazu ging von dem Verleger Ferdinand Avernarius (1856-1923) aus. „Der Bund hatte sich eine grundsätzliche Reform der Kultur zum Ziel gesetzt, die vom Zwang der historischen Legitimation und von der Bindung an den Bildungsauftrag befreit werden sollte, um so zu einer neuen, zeitgemäßen Ausdrucksshaftigkeit zu gelangen, die mehr Bevölkerungsschichten erreichen konnte als nur die alten Bildungseliten. Dies entsprach dem Zeitgeist, der um die Jahrhundertwende entscheidend von der Lebensreformbewegung beeinflußt wurde, die in Dresden und dem nahen

Entwurf für das Völkerschlachtdenkmal Leipzig, 1896.

Entwurf des Burschenschaftsdenkmals Eisenach.

Burschenschaftsdenkmal Eisenach, 1902.

Hellerau ein aktives Zentrum besaß." /8/.
1903 sieht der erste Kreis-Biograf Richard Katz schon die große Karriere des Architekten voraus: „In unserer Zeit haben viele Künstler Anwartschaft auf bleibenden Ruhm, unter den Baukünstlern glaube ich Wilhelm Kreis, den jungen Dresdner Meister, zu diesen zählen zu dürfen." /9/. In diesen Jahren beteiligt sich Kreis erfolgreich mit Arbeiten an zahlreichen Kunstausstellungen und an den Weltausstellungen in Paris, Turin, Brüssel und St. Louis und erhält hohe Auszeichnungen. Mit seinen Dresdener Kollegen, den Architekten Fritz Schumacher, William Lossow (1852-1914) und Max Hans Kühne (1874-1942), ist Kreis einer der Hauptakteure der großen Kunstgewerbeausstellung in Dresden 1906, wo er mit einer Goldenen Medaille ausgezeichnet wird. In diesem Kontext ist es auch nur folgerichtig, dass er 1907 Gründungs- und Vorstandsmitglied im Werkbund wird, in dem sich die Vertreter der progressiven Strömungen von Kunst und Architektur, wie Henry van de Velde (1863-1957), Richard Riemerschmid (1868-1957), Hans Poelzig, Walter Gropius (1883-1969) u. v. a., zusammenfinden. In dieser Periode hat Kreis vor allem auf dem Gebiet der Raumkunst gewirkt, die damals im Zentrum der Reformbewegung stand. Wenn er sich auch mehr Aufträge im Hochbau wünschte, von denen in Dresden die meisten in den Händen des Stadtbaumeisters

Bau des Burschenschaftsdenkmals.

Raumkunst von W. Kreis, Kunstausstellung Dresden, 1901.

Möbel von W. Kreis zur Weltausstellung Brüssel, 1909.

Neue Friedrich-August-Brücke in Dresden, erbaut 1906-1910.

Hans Erlwein lagen, konnte er, abgesehen vom Bau der neue Friedrich-August-Brücke (1906-1910), davon nicht profitieren /10/.
1908 folgt Kreis einem Ruf ins Rheinland als Direktor der Düsseldorfer Kunstgewerbeschule. Er wird auf Vorschlag von Peter Behrens, der in die Architekturabteilung der AEG nach Berlin wechselt, dessen Nachfolger in der Rheinmetropole. In diesen Jahren prägt Kreis entscheidend die Architektenausbildung in Düsseldorf. 1912 würdigt ihn Preußen mit der Goldenen Medaille für Verdienste um die Kunst. Überhaupt bietet ihm seine Heimat reicheres Tätigkeitsfeld. Er beteiligt sich nicht nur an zahlreichen Wettbewerben zu Rat-, Kauf- und Wohnhäusern sowie anderen, meist öffentlichen Bauten, er kann auch viele Entwürfe ausführen. Die wichtigsten der errichteten Werke in Mitteldeutschland vor dem Ersten Weltkrieg sind neben der Friedrich-August-Brücke, das Museum für deutsche Vorgeschichte in Halle (1907-1913) sowie das noch näher zu beschreibende Warenhaus H. & C. Tietz in Chemnitz (1912-1913).
Am Ersten Weltkrieg nimmt Kreis ab 1915 getreu seiner deutsch-nationalen Gesinnung als Kriegsfreiwilliger teil. An der Somme wird er verwundet und 1917 zum Leutnant der Reserve befördert. Dem Ende des Kaiserreiches begegnet der Verehrer Bismarcks, wie sein Großneffe Helmut Arntz ausführt, niedergeschlagen. Er ist sich im Klaren, dass mit der neuen Republik auch seine kühnen Pläne, wie u. a. die Errichtung eines Bismarck-National-Denkmals auf der Elisenhöhe bei Bingen am Rhein, begraben sind. /11/.
Nach dem Krieg kehrt er wieder an die Düsseldorfer Akademie zurück. Hier integriert er 1920, nicht ohne Widerstand, die Kunstgewerbeschule in die Kunstakademie und gründet in ihr eine eigenständige Architekturabteilung, die er bis 1926 leitet. Während der Weimarer Republik ändert Kreis seinen Architekturstil. Er wendet sich der Moderne zu und wird in der zweiten Hälfte der 1920er Jahre ein Vertreter der Neuen Sachlichkeit. Am Anfang des Jahrzehntes, wo es auf Grund von Inflation und Nachkriegskrise fast nur in der Wirtschaft Bauaufträge gibt, ist er mit verschiedenen Industriebauten, vor allem im Rheinland, vertreten. In Düsseldorf gewinnt er 1921 den Wettbewerb für das Wilhelm-Marx-Haus, das erste rheinische, 60 Meter hohe Hochhaus, welches 1924 fertig gestellt wird /12/. Mit der wirtschaftlichen Erholung in den so genannten „Goldenen 20er Jahren" ist Kreis für den Gesamtplan und die Bebauung des Düsseldorfer Rheinufers, der Ausstellung für „Gesundheitspflege – Soziale Fürsorge – Leibesübungen", der so genannten Gesolei, (heute: NRW-Forum mit Kunstmuseum und Tonhalle) zuständig. Die 1926 eingeweihte Präsentation der modernen Zivilisation sollte sich als ein spektakuläres Großereignis erweisen. 7,5 Millionen Besucher kamen, um sowohl die große Schau über „zeitgemäße Ernährung, Wohnen, landwirtschaftlichen Fortschritt, industrielle Erfindungen, Bekämpfung von Krankheiten wie Tuberkulose, Pocken und Alkoholismus" zu sehen, als auch das neue Ausstellungsensemble zu bewundern. Wilhelm Kreis stellt mit dem Gesolei-Ensemble einmal mehr seinen schon vorhandenen hervorragenden Ruf als profilierter Künstler und Architekt für Monumentalbauten unter Beweis.

Museum für deutsche Vorgeschichte in Halle, erbaut 1907-1913.

Gesolei Ausstellungshallen Düsseldorf, 1926.

Wilhelm Marx Haus Düsseldorf, 1924.

1926 beginnt für Wilhelm Kreis seine zweite Schaffensperiode in Sachsen, die ihn fast 20 Jahre an Dresden binden soll. 1926 wird nach dem Weggang von Heinrich Tessenow (1876-1950) der Lehrstuhl für Architektur an der dortigen Kunstakademie frei, welche Kreis bereits 1924 zu ihrem Ehrendoktor ernannt hatte. Seine Berufung nach Dresden macht Kreis jedoch davon abhängig, dass er den Auftrag für den Neubau des gerade in Dresden in Vorbereitung befindlichen Deutschen Hygienemuseums erhält und er gleichzeitig de facto oberster Bausachverständiger in Dresden wird. Diese Kopplung wollte Kreis mit Sicherheit fest geschrieben wissen, denn für den Museumsbau war u. a. der damals schon namhafte Architekt Tessenow im Gespräch. Gleichfalls wird Kreis noch seine erste sächsische Periode gut in Erinnerung gehabt haben, als er in Dresden keine wesentlichen Aufträge erhielt. Für das Hygienemuseum konnte er zudem auf beste Referenzen verweisen. Mit der Gesolei hatte Kreis gerade praktisch bewiesen, dass er ein solches Projekt neben seiner Lehrtätigkeit erfolgreich verwirklichen kann. Zudem war Wilhelm Kreis auch mit dem Vordenker dieses Museums, dem Odol-Fabrikanten Karl August Lingers (1861-1916), aus seiner ersten Dresdner Periode verbunden. Lingner hatte ihm mit dem Um- und Erweiterungsbau seiner Dresdner Villa in der Leubnitzer Straße (1900-1905) zu einem ersten Privatauftrag verholfen. 1930, zur Zweiten Internationalen Hygieneausstellung, wird das Museum mit großen Lobpreisungen eingeweiht, welches Kreis im Selbstverständnis der Moderne als Kontrapunkt zum barocken Stadtbild von Dresden im Stil der Neuen Sachlichkeit geschaffen hat. In dem Bauwerk selbst sowie seiner größten inneren Attraktion, dem „Gläsernen Menschen", spiegelt sich das Menschenbild der Moderne in der vielversprechenden Verbindung von Wissenschaft, Transparenz und Rationalität wider /13/.

In Dresden fasst Kreis, wie schon vor 1908, schnell wieder Fuß und findet Zugang zu exklusiven Kreisen der

Dresdner Gesellschaft, wie in den 1928 gegründeten Rotary Club oder zu sächsischen Adelsgesellschaften bis hin zu den Wettinern. Mit vielen Projekten tritt der unermüdliche Kreis in diesen Jahren auf das Parkett. Für Sachsen sind das Bahnhofsgebäude in Meißen (1927-1928) und ein weiteres Bahnhofsprojekt für Zwickau zu nennen. Der Zwickauer Bahnhof wird jedoch erst von 1933 bis 1936, zwar nicht durch ihn, aber weitgehend nach seinen Entwürfen hinsichtlich von Massenaufbau und funktionellen Lösungen, entstehen. In Dresden baut er Ende der 1920er Jahre die Kaditzer Elbbrücke. Eine weitere Elbbrücke wird nach seinen Plänen in Meißen ausgeführt. Für die Wettiner entwirft er die Sarkophag-Anlage in der Hofkirche für den 1932 verstorbenen letzten sächsischen König und im gleichen Jahr liefert er einen Entwurf für Schloss Wachwitz, welches 1936/1937 nach dem Entwurf von Lossow & Kühne im Neubarock gebaut wird. Der Dresdener Golfclub erhält nach Plänen von Kreis sein Klubhaus in der Dresdener Heide /14/.

Komplex des Hygienemuseums Dresden, um 1931.

Am Ende der Weimarer Republik gehört Kreis zu den anerkanntesten Architekten im Land. 1926 wählte ihn der Bund Deutscher Architekten (BDA) auf seiner Tagung in Halle zu seinem Präsidenten. Auch international ist er ein gefragter Architekt. Aufträge und Anfragen erreichen ihn aus den USA, der Sowjetunion und der Türkei. Er ist Ehrenmitglied des Instituts of Architects in den USA. Deutschland vertritt er als Vertrauensarchitekt für den Völkerbundpalast in Genf.

Die Zeit des Nationalsozialismus ist jene Periode im Schaffensprozess von Wilhelm Kreis, die ihn vor der Nachwelt diskreditieren wird. Mit der NS-Machtübernahme kommt es jedoch

Hygienemuseum Dresden, um 1931.

Entwurf von W. Kreis für die Wanderer Werke Schönau bei Chemnitz, 1934.

vorerst zu einem tiefen Einschnitt. In einigen Nazikreisen, u. a. in Sachsen, ist er als Repräsentant des Architektur-establishment der Weimarer Republik verpönt. In Dresden behält er zwar seine Professur, doch in Berlin verliert er schon vorher sein Präsidentenamt im Bund Deutscher Architekten. Weiterhin wird er teilweise von öffentlichen Ausschreibungen abgeschnitten und ist in der sächsischen Hauptstadt auch nicht mehr als Bausachverständiger gefragt. Doch das Einzige, was den bis dahin von Erfolg gekrönten und verwöhnten Architekten zu treiben scheint, ist seine Besessenheit weiter arbeiten und bauen zu können. So wird sich Kreis, inzwischen bereits 60 Jahre alt, in dem neuen System etablieren und lernen, sich konform zu verhalten. Im Zuge der Gleichschaltung der Universitäten wird er Mitglied der NSDAP und kann sich unter der Obhut alter und neuer Freunde und Bekannter um einen vollständigen Arier-Nachweis drücken. Seine Frau ist im Sinne des Dritten Reiches „Vierteljüdin" /15/, ein Sachverhalt dessen öffentliches Bekanntwerden zumindest das Ende für seine Tätigkeit bedeutet hätte.

Anfang der 1930er Jahre bekommt Kreis fast 20 Jahre nach seinem Warenhausbau für H. & C. Tietz nochmals Berührung mit Chemnitz. Er beteiligt sich 1934/1935, also in der Zeit, als er von exponierter Seite von offiziellen Ausschreibungen fern gehalten wird, an einem für ihn zur damaligen Zeit untypischen Wettbewerb eines Industrieunternehmens, den Wanderer Werken im Chemnitzer Vorort Schönau. Die Wanderer Werke, die damals ca. 6 000 Mitarbeiter beschäftigen, gehören in Sachsen zu den bedeutendsten und weltweit am erfolgreichsten agierenden Unternehmen. Innerhalb kurzer Zeit expandiert das Unternehmen in Schönau und Siegmar und die Beschäftigtenzahlen nehmen von 1935 bis 1938 um 25 Prozent zu. Im Verbund der Auto Union werden Kraftfahrzeuge produziert, man stellt Schreib-, Addier- und Buchungsmaschinen her und ist in Europa der größte Fräsmaschinenproduzent. Neben German Johann Bestelmeyer (1874-1942) und Emil Fahrenkamp (1885-1966) kommt Kreis in die engere Wahl für das Projekt. Die Ausführung dieses Baus wird jedoch letztlich Fahrenkamp übertragen, der es zwischen 1937 und 1938 realisiert.

Ab der zweiten Hälfte der 1930er Jahre erfährt Kreis von den neuen Machthabern mehr Aufmerksamkeit. Besonderen Anteil hat hier Albert Speer (1905-1981), der „Architekt des Führers". In Kenntnis des Hanges von Kreis für kolossale Denkmale und monumentale Architekturlösungen protegiert Speer, der selbst ein Verfechter monumentaler Repräsentativbauten klassizistischer Prägung ist, den damals zurückgesetzten Kreis und holt ihn wieder in die große Welt der Architektur, in der sich Kreis seit seines Lebens wie zu Hause fühlt, zurück. Besonders für die vom Größenwahn diktierten Projekte zur Umgestaltung der Reichshauptstadt, wie Entwürfe für die Bauten des Oberkommandos des Heeres, wird er einer der engsten Vertrauten von Speer. Er bekommt Mitarbeiter und eigene Büros in Berlin. Um 1938, zu seinem 65. Geburtstag ist Wilhelm Kreis auch wieder in Dresden bei den sächsischen Nazigrößen als Architekt anerkannt. An der Kunstakademie nimmt er bei gleichzeitigem Lehrauftrag von 1938 bis 1941 die Funktion des Rektors wahr und wird weiterhin mit den Arbeiten zur Erweiterung der Semper-Oper betraut, die aber 1941 kriegsbedingt eingestellt werden.

Sein einziges realisiertes Großprojekt der NS-Zeit ist das in Dresden errichtete Luftgaukommando. Obwohl er 1936 zur Ausschreibung nicht eingeladen ist, beteiligt er sich, erhält die Zulassung und gewinnt schließlich den Wettbewerb. Nach seinen Plänen wird der riesige Gebäudekomplex, dessen Bauherr das Reichsluftfahrtministerium ist, in den Jahren 1937 bis 1938 errichtet. Zu DDR-Zeiten nutzt die Militärakademie „Friedrich Engels" die Einrichtung. Seit 1990 sind darin u. a. Dienststellen der Bundeswehr untergebracht.

1938 ernennt man Kreis zum Mitglied des Reichskultursenates und Mitglied des Präsidialrates der Reichskammer der Bildenden Künste /16/. Im März 1941 wird er auf Vorschlag von Speer Generalbaurat im Rang eines Generalmajors für die künstlerische Gestaltung von Soldatenfriedhöfen die Verantwortung übernehmen. Höhepunkt des recht zweifelhaften Ruhmes im Dritten Reich ist 1943 die Ernennung zum Präsidenten der Reichskammer der Bildenden Künste durch Hitler.

Mit den Bombenangriffen auf Berlin werden Kreis und sein Arbeitsstab zur Gestaltung von Soldatenehrenmahlen 1944 auf ein Schloss der Wittelsbacher nach Leustetten in Bayern verlegt.

Nach dem Kriegsende kann Kreis nicht in sein Haus nach Dresden, welches beschlagnahmt wurde, zurückkehren. Er bleibt in Bayern und wohnt in München, wo er sich mehreren Augenoperationen unterziehen muss. Bei der Entnazifizierung in Bayern stuft man Kreis, nicht ohne gegenteilige Auffassungen, aber letztendlich als „Mitläufer" ein /17/. In Bezug auf sein Engagement im Dritten Reich kann sich Kreis auf die Position zurückziehen, dass fast alle seine in dieser Zeit projektierten Bauwerke nicht zur Ausführung gelangten, was seine Ursache sowohl in ihrem gigantischen Umfang als auch im beginnenden Zweiten Weltkrieg hatte. Wie nah Kreis dem Regime stand, wird nicht nur aus den erwähnten Aufgaben, seinen Ämtern und den erhaltenen Ehrungen deutlich. Auch nach 1945 findet er nur schwer die Distanz zu dem Regime und seinen Größen. Mit einer Verbeugung vor dem wegen Kriegsverbrechen in Nürnberg verurteilten Albert Speer bekennt sich Wilhelm Kreis 1953 in einer Schrift zu seinem 80. Geburtstag zu ihm. Er lässt Gerhard Rehder darin schreiben: „Tiefe Dankbarkeit empfindet Kreis Albert Speer gegenüber, der ihn zum Gestalter der Kriegerfriedhöfe erwählte." /18/.

Im Frühjahr 1949 ziehen Kreis und seine Frau nach Bad Honnef zur ihrem Großneffen um, der für seinen Onkel, neben der 40 Jahre zuvor von Kreis umgebauten Villa Burg Arntz, ein geräumiges Gartenhaus errichten lässt. Auf diesem Grundstück, am Rhein gelegen, erwachen bei dem 76-jährigen Architekten nochmals Tatendrang und neue Lebenskraft. In seiner letzten Arbeitsphase, aus der er 1954 durch einen Unfall gerissen wird, baut er von 1950 bis 1952 die Landeszentralbank in Dortmund, entwirft Pläne für ein Zentralinstitut für Volksgesundheit in Köln, unterbreitet Vorschläge für die durch ihn entworfenen ehemaligen Tietz-Warenhäuser in Köln und Wuppertal-Elberfeld, baut und plant Wohnhäuser, entwirft Projekte zum Umbau der Rheinhalle im ehemaligen Gesolei-Komplex und vieles mehr. Neben den Aufträgen in Nordrhein-Westfalen erfährt Kreis nun auch wieder Ehrung und Anerkennung. 1953 verleiht ihm die Bundesrepublik das Bundesverdienstkreuz und in einer zu seinen Ehren herausgegebenen Schrift wird sein Lebenswerk gewürdigt. Wilhelm Kreis stirbt am 13. August 1955 in Bad Honnef.

Entwurf Luftgaukommando Dresden, 1936.

Luftgaukommando Dresden, um 1940.

Haupteingang Luftgaukommando Dresden, um 1940.

Warenhaus Geschw. Knopf Karlsruhe von Wilhelm Kreis, 1914.

Warenhaus L. Tietz Düsseldorf, erbaut von J. M. Olbrich,1909.

Warenhaus L. Tietz Elberfeld von Wilhelm Kreis, 1912.

Düsseldorfer Tietz-Entwurf „Merkur" von W. Kreis,1907.

Warenhaus Leonhard Tietz Köln, errichtet 1912-1914 von Wilhelm Kreis, Abbildung von 1928.

Warenhaus H. & C. Tietz Chemnitz
Größtes und vornehmstes Geschäftshaus Sachsens

Die Errichtung von Warenhäusern bleibt innerhalb des Schaffensprozesses von Wilhelm Kreis auf den kurzen Zeitraum von 1910 bis 1915 begrenzt. In dieser Zeit, die von einer ungeheuren Produktivität gekennzeichnet ist, baut er neben vielen weiteren Gebäuden sieben Warenhäuser, davon die meisten als monumentale palastähnliche Bauwerke /19/. Dabei ist der Beitrag, den Kreis innerhalb der Entwicklung der deutschen Warenhausarchitektur leistet, unbestritten. In der Nachfolge der klassischen deutschen Warenhausbauten vor 1910, den Wertheimhäusern von Alfred Messel (1853-1909) in Berlin und von Josef Maria Olbrich (1867-1908) in Düsseldorf, findet er für diesen Bautypus einen individuellen, monumentalen großstädtischen Ausdruck, der sich durch einen maßvollen Neoklassizismus charakterisieren lässt. Seine Bauten dieser Zeit sind geprägt durch den ruhigen Ausgleich zwischen rationalistischer Zweckerfüllung und seinem Streben nach Maß und Schönheit als erstem Ausdruck der Baukunst. Diese Maxime von Wilhelm Kreis, Schönheit der Konstruktion und der Raumlösung zu finden, setzt sich auch in der inneren Ausstattung seiner Bauwerke fort und wird sich ebenfalls in seinem Chemnitzer Bauwerk widerspiegeln, welches zu seiner Entstehungszeit als das größte und vornehmste Geschäftshaus Sachsens gilt /20/.

Betrachtet man das Chemnitzer Warenhauses H. & C. Tietz in seiner Innen- und Außenarchitektur, ist besonders die Affinität zu den Warenhäusern der Leonhard Tietz AG in Düsseldorf (1909) und Köln (1914) auffällig. Um die Architektur von Wilhelm Kreis für das Warenhaus H. & C. Tietz in Chemnitz zu verstehen, muss man diese im Kontext seiner Erfahrungen, beginnend ab dem Düsseldorfer Wettbewerb betrachten. An ihm nimmt er 1906 von Dresden aus teil. Besonders an den Maßstäben des Düsseldorfer Warenhauses wird das Chemnitzer Bauwerk reifen.
In der ersten Runde des Düsseldorfer Wettbewerbes, zu der 130 Einsendungen eintreffen, kommen elf in die engste Wahl. In der Schrift zur Eröffnung des Hauses 1909 erfährt Kreis für sein unter dem Titel „Merkur" vorgestelltes Projekt folgende bemerkenswerte Würdigung: „Mit Rücksicht auf die Bedeutung des Professors Wilhelm Kreis aus Dresden, als Architekten, und in Erwägung, daß dessen angekaufter Entwurf eine Architektur von eigenartigem künstlerischen Reiz zeigte, zog man diesen zu dem engeren Wettbewerb zu." /21/. Da jedoch noch keiner der Entwürfe den Vorstellungen des Preisgerichtes genügt, kommt es zu einer zweiten Runde mit fünf Arbeiten. Daraus gehen die Entwürfe von Olbrich, den Düsseldorfer Architekten Otto und Paul Engler und von Kreis als die „unstreitig besten" hervor. Letztendlich erhält Olbrich, der durch seine charakteristischen Jugendstilbauten, u. a. auf der Darmstädter Mathildenhöhe, über großes Renommee verfügt, für den Innen- und Außenentwurf den Zuschlag /22/. Das Düsseldorfer Warenhaus Leonhard Tietz wird um 1910 eines jener Bauwerke sein, welches für die Architekturentwicklung von Kaufhäusern in Deutschland als Gradmesser angesehen werden darf. Auch wenn Kreis in Düsseldorf noch nicht zum

Anzeigen Chemnitzer Tageblatt, gestaltet von Otto Lennhoff zur Eröffnung von H. & C. Tietz Chemnitz, Oktober 1913.

Poststraße, Entwurf W. Kreis, 1912.

Zuge gekommen ist, sammelt er wichtige Erfahrungen als Warenhausarchitekt. Besondere Bedeutung erhält dabei seine Bekanntschaft mit dem in Düsseldorf ansässigen jüdischen Fabrikbesitzer Hermann Schöndorff (1868-1936), der bereits für den Düsseldorfer Tietz-Bau im Preisgericht sitzt. Er ist ein Multitalent und mit seinem Bruder Albert in zahlreichen Wirtschaftssparten erfolgreich tätig. In der Zeit bis 1914 entwickelt Schöndorff seine Unternehmen zu den profiliertesten bauausführenden Gesellschaften für Warenhausbauten in Deutschland. Dies betrifft sowohl die komplette Innenausgestaltung derartiger Bauwerke als auch ihre gesamte Bauplanung. Rückblickend charakterisiert 1927 Hermann Schöndorff in einem Vortrag das Tätigkeitsfeld des Architekten bei Warenhausbauten folgendermaßen: „Ich stehe auf dem Standpunkt, daß normalerweise im allgemeinen der Architekt, der Baumeister allein ein solches Werkzeug nicht schaffen kann; dafür fehlen ihm alle notwendigen wichtigen Vorkenntnisse des Endzwecks und seines Gebrauchs. Wie kann man ein derartiges Objekt richtig schaffen, wenn man die Bedürfnisse darin nicht kennt! Dazu braucht also der Architekt die Unterstützung des sachverständigen Kaufmanns; und der technisch sachverständige Kaufmann, der den Blick für die technischen Bedürfnisse, für Abmessungen und für die Wirkung hat ...". /23/. Sicher hat Schöndorff auch in diesem Sinn immer seine Aufgabe bei der Errichtung von Warenhäusern gesehen. Alle Warenhausneubauten, welche Kreis in den Jahren bis 1914 realisiert, werden unter der Regie der Unternehmen von Hermann Schöndorff gebaut. Dies beginnt für die Firma Theodor Althoff in Dortmund im Jahr 1910. Daran schließen sich noch vor dem Chemnitzer Warenhausbau derartige Bauwerke in Essen für Theodor Althoff und in Elberfeld für Leonhard Tietz an /24/.

Vor allem für die Warenhausstandorte Chemnitz und Köln nimmt Kreis das Architekturkonzept des Düsseldorfer Warenhauses von Olbrich auf und vervollkommnet es. Unter der Voraussetzung ähnlicher Bedingungen wie in Düsseldorf und Köln bei den Grundflächen und einer nach drei Seiten ausgerichteten Fassade kommt es in Chemnitz zu einer fast analogen Raum- und Geschossaufteilung, mit ähnlichen Außengestaltungen und Innenausstattungen. Es findet hierbei sicher eine auf den ersten Blick ungewöhnliche Typisierung des Baukörpers nach innen wie außen statt, in welchem Kreis seinen eigenen monumentalen neoklassizistischen Warenhausstil findet /25/.

Blick von der Moritzstraße in die Wiesenstraße, um 1914.

Nicht ganz reibungslos verlief jedoch für Wilhelm Kreis die Gestaltung des Chemnitzer Hauses. Während er in Köln beim Bau für Leonhard Tietz als „der berufenste deutsche Monumentalgestalter" /26/ gefeiert wird, erhält er aus Chemnitz immer neue Änderungswünsche zugestellt, die verschiedene Eingriffe in sein Architekturkonzept verlangen. So wendet er sich am 18. Mai 1912 in einem etwas ungehaltenen Brief an den Chemnitzer Oberbürgermeister Dr. Heinrich Sturm. Darin kündigt er u. a. an: „Jedenfalls wird es mir nicht möglich sein, ... noch eine solche Fassade zu Wege zu bringen, die ich mit gutem Gewissen als von mir verantworten kann. Ich muss alsdann, so sehr mir das Projekt am Herzen gelegen hat, den Auftrag im Interesse meines guten Namens als Architekt niederlegen." Und weiter gibt er zu den verschiedenen Änderungswünschen der Stadt zu bedenken: „Der ... Firma Tietz kann es eventuell gleich sein, welcher der drei Entwürfe zur Ausführung kommt, denn sie kann schließlich ihr Geschäft in jedem der drei projektierten Häuser betreiben. Der leidende Teil ist nur die Kunst allein und mit ihr das Ansehen der Stadt." /27/.

Wenn auch die künstlerische Ausstattung des Chemnitzer Hauses im Vergleich zu den beiden Rhein-Metropolen weniger reichhaltig mit Skulpturen und Ornamenten versehen ist, steht es ihnen jedoch an Eleganz und Monumentalität in keiner Weise nach. Das Chemnitzer Warenhaus H. & C. Tietz hat an der Post- und Moritzstraße eine Länge von 57 bzw. 61 Metern und misst an der Wiesenstraße fast 85 Meter. Die Grundfläche des Hauses beträgt ca. 5 000 qm. Mit einer Traufhöhe von 22 Meter konnte Wilhelm Kreis dem Bauwerk in der städtebaulichen Situation eine eigene Formensprache verleihen, welche sich fast ein Jahrhundert hinweg in den verschiedenen Konstellationen und Nutzungen behaupten wird. Das Gebäude findet seinen Platz sowohl in der durch enge Straßenschluchten gekennzeichneten Stadt vor 1945 als auch als fast freistehendes Gebäude einer sozialistischen Großstadt oder im heutigen eher postmodernen Stadtensemble der Chemnitzer Innenstadt. Immer stellt

Einfahrt Poststraße, um 1914.

das Baudenkmal einen Blickfang und eine Zierde im Stadtbild dar.

Das innere Gerüst des Warenhauses besteht aus einem Stahlbetonskelett mit tragenden Stützen, kreuzweise angeordneten Unterzügen und daran anliegenden Decken, welches vom Kellergeschoss bis unter das Dach führt /28/. Das Stahlbetonskelett und die Eisen-

Blick vom Beckerplatz auf die Post- und Wiesenstraße, um 1920.

Detail mit Ornamenten im großen Lichthof, um 1914.

Marmorverkleidetes Treppenhaus, um 1914.

betonarbeiten führt die Firma Allgemeine Hochbau Gesellschaft mbH (Düsseldorf) aus, die zu jener Zeit mit Referenzen für derartige Projekte in ganz Deutschland aufwarten kann. Mit dieser Stahlbetonbauweise gehört das Warenhaus H. & C. Tietz, neben dem Rathaus und dem Ensemble von Oper und Museum am Theaterplatz, mit zu den ersten Gebäuden dieser Art in Chemnitz. Der Stahlbetonkonstruktion, die bis ins Dachgeschoss führt, ist es auch im hohen Maße zu danken, dass dieses Bauwerk, wie ähnlich konstruierte Gebäude der Chemnitzer Innenstadt, die verheerenden Bombenangriffe am Ende des Zweiten Weltkrieges übersteht und ebenfalls kurzzeitig gehegte Abrissgedanken gar nicht erst weiter in Erwägung gezogen werden. Mit dieser Konstruktion war es ebenfalls möglich, das Innere des Bauwerkes auch in den verschiedenen Nutzungsepochen immer wieder neu, nach dem jeweiligen Zeitgeschmack zu gestalten.

Den architektonischen Gestaltungsschwerpunkt des Bauwerkes stellte Wilhelm Kreis an der Ecke Poststraße/ Wiesenstraße her. Hier stieß das Bauwerk auf den damaligen Beckerplatz, der in seiner Anbindung zum Johannisplatz zu den verkehrstechnischen Knotenpunkten der alten Stadt zählte. Alle Fotos des Warenhauses wurden bis 1945 meist auf diesen, das Stadtensemble prägenden Punkt ausgerichtet. Die zurückgenommene Eckfront in der dritten Etage und der dafür entstandene Balkon nehmen im alten Stadtbild Bezug auf den Beckerplatz mit dem damals gegenüber liegenden Gebäude der Dresdner Bank. Anfang der 1920er Jahre wurde an der gleichen Stelle der jetzt dort vorhandene Neubau errichtet (heute: Sparkasse Posthof). Als Krönung dieses Eckensembles setzte Kreis auf die Balkonecke die in sich versunkene weibliche Plastik des Düsseldorfer Bildhauers Johannes Knubel (1877-1949) /29/.

Die drei Fassaden aus vorgehangenem Sandstein sind jeweils in einer in sich schlüssigen Symmetrie gehalten. Wie Helga Behn es auch für das Kölner Haus bemerkt, besticht ihre Architektur durch einen klaren Flächencharakter. Die Fassaden in ihrer Wechselwirkung des vertikalen Glas-Pfeiler-Systems haben die Tendenz, sich wandartig zu geschlossenen Flächen zusammenzuziehen. Sie spiegeln damit die Konstruktion des Stützsystems des Gebäudekerns wider /30/. Im Erdgeschoss präsentiert sich die Fassade als eine, unterbrochen von den Eingängen, umlaufende Schaufensterglasfläche. Die Fensterbreite wird jeweils über die erste und zweite Etage in einer vertikalen Pfeilerarchitektur mit vier Fenstern aufgelöst, welche dem Warenhaus sein charakteristisches Äußeres verleiht. Das dritte Stockwerk nimmt die Vertikalstruktur der unteren Etagen ebenfalls auf, ist aber deutlich von diesen abgesetzt. Im Abschluss von 14 Metern Höhe wird durch unterschiedliche Gestaltungsnuancen wie Balustraden und vertikale Doppelfenster die horizontale Ebene an den jeweiligen Fassadenseiten akzentuiert. Dies hatte seine Ursachen sowohl in künstlerisch-ästhetischen Überlegungen des Architekten als auch in baupolizeilichen Auflagen und Ausnahmegenehmigungen, um einen angemessenen Lichteinfallwinkel für die gegenüberliegenden Gebäude zu sichern. Während Wilhelm Kreis an der damaligen Poststraße mit einer Breite von fast 20 Metern die Fassade nicht zurücksetzen muss, wird dies für die jeweils ca. 14 Meter breite Moritz- und Wiesenstraße erforderlich. Das vierte Stockwerk lässt die Pfeilerstruktur der ersten Geschosse in halbkreisrunden Bogenfenstern auflösen. Diese Etage bildet einen zweiten horizontalen Abschluss, welche dem Bauwerk eine in sich gewachsene Form verleiht. Sie ist wiederum an den verschiedenen Straßenseiten unterschiedlich zurückgesetzt. Das fünfte Stockwerk verschwindet letztlich ohne Fenster zur Straßenseite in einem schrägwinkligen Kupferdach.

Die Fassade der Wiesenstraße, als die eigentliche Hauptfassade, wird durch zwei Seitenflügel mit Risaliten sowie einer diese auf der dritten Etage verbindenden Balustrade mit dem dahinter liegenden gewölbten Kupferdach betont. Hier befand sich ursprünglich in der Linienführung der weiblichen Plastik an der Poststraße eine Trophäengruppe, bestehend aus fünf Sandsteinvasen. In ihrer Symmetrie legte Kreis den ehemaligen Haupteingangsbereich, durch den man in die prachtvolle große Lichthalle gelangt. Die Risalite in der Wiesenstraße tragen im Dachbereich kleine Dreiecksgiebel, die mit kleinen vorstehenden Reliefs verziert sind. Gleichfalls wird hier in der ersten und zweiten Etage das sonst durchgängige Pfeilersystem mit zurückhaltenden vertikal und horizontal verlaufenden Ornamenten aufgelöst. Erst nach der Zerstörung der Innenstadt und der damit verbundenen Freilegung des Karrees Wiesenstraße, Moritzstraße, Zschopauer Straße und Poststraße (Bahnhofstraße) zu einem Parkplatz, kommt diese nach Osten gerichtete prächtige Fassade voll zur Geltung. Gerade bei der Gestaltung dieser Hauptfront hat Kreis bis zuletzt mit sich gerungen. Selbst während des Baugeschehens nimmt er hier im Dezember 1912 nochmals Änderungen vor. In einer Notiz hält er seine Gedanken fest: „Zu der Veränderung der Fassade an der Wiesenstraße über der Balustrade des Mittelteiles möchte ich folgende Erwägungen Mitteilung machen, welche mich zu der Veränderung geleitet haben. Die Wiesenstraße ist im Verhältnis zu den anliegenden Bauten eine schmale Straße und es war mir immer etwas fraglich erschienen, ob die weiter zurückliegende obere Fassade nicht von der Balustrade zu weit überschritten wird. Ein Querprofil, welches ich durch die Straße legte, überzeugte mich davon, dass man nur den obersten Teil der Fenster des 3. Obergeschosses sehen würde, und dass dies ein etwas unruhiges Bild ergeben würde. Leider war mir bei der unbedingt notwendigen Forderung auf Belichtung der Räume ein Weglassen dieser Fenster oder ein Anbringen von nur ganz oben befindlichen etwa kreisrunden Fenstern nicht möglich. Es fiel mir später jedoch eine Idee ein, wie man diesem Übel abhelfen könne. Bei der Unterbringung des Teppichsaales kam ich auf die Idee, diesen in das zweite Obergeschoss in der Mitte der Wiesenstraße zu legen, und so weit in das Gebäude hineingreifen zu lassen, dass der Ausbau des 3. Obergeschosses hinter dem Teppichsaal wegfiele, und also die Belichtung an jener fraglichen Stelle wegfallen konnte. Zur gleichen Zeit konnte aber auch der Teppichsaal eine solche Form erhalten, dass die breite Fläche, welche etwa über der Balustrade sichtbar geworden wäre, durch ein schöngeschwungenes Kupferdach in monumentaler Weise zu der vorderen Front hinübergeführt wurde. Ich glaube, dass hierdurch, wie aus den neuesten Plänen ersichtlich, ein ausserordentlich würdiges Fassadenmotiv entstanden ist, welches an die monumentalen Bauten des 18. Jahrhunderts erinnert. Natürlich liess ich es mir angelegen sein zu vermeiden, dass diese schöne Dachfläche durch Dachhauben unterbrochen würde, obwohl solche Dachhauben für die Belichtung des Teppichsaales evtl. sehr geeignet erschienen wären. Der Teppichsaal erhielt in seinem oberen Teil eine schöne Form ohne seitliche Belichtung. Dadurch ist in die ganze Fassade an der Wiesenstraße ein nobler Zug hineingekommen und ich glaube im Sinne der Interessen der Stadt Chemnitz gehandelt zu haben, diesen Vorschlag der Firma Tietz zur Ausführung zu empfehlen, und hoffe auch, dass die

Hofeingang Moritzstraße, um 1914.

Blick in die Moritzstraße von der Wiesenstraße, um 1914.

Orientteppichsaal, um 1914.

Deckenleuchter im Teppichsaal.

Stadtverwaltung, vor allem die Baupolizei mir ihre Zustimmung zu dieser offenbaren Verbesserung im architektonischen Sinn gern erteilen werden." /31/. Dieser Änderungsvorschlag wird im Januar 1913 auch durch die Stadtverwaltung genehmigt.

Hervorzuheben sind noch auf der Post- und Moritzstraße die jeweiligen Tordurchfahrten in den Wirtschaftshof. Diese über einen Meter hervorspringenden Einfahrten liegen noch in der ursprünglich um 1910 vorhandenen Bauflucht der Straßen und erhielten durch Kreis eine architektonische Akzentuierung.

Während das Äußere des Warenhauses heute fast noch im Originalzustand erhalten bzw. wieder hergestellt ist, hat man von der inneren Architektur des Hauses nur noch bedingt Vorstellungen. Leider erschien auch zum Chemnitzer Bauwerk keine in sich geschlossene Veröffentlichung, wie sie für andere Bauwerke dieser Art von Kreis vorliegen. Sicher wird Wilhelm Kreis an eine solche Publikation gedacht haben, denn in seinem Archiv überdauerten einige bisher nie veröffentlichte Architekturfotos des Leipziger Fotografen Ed. Körner aus der Zeit um 1914, die vermutlich für einen solchen Fall in Auftrag gegeben wurden. Über die Innenarchitektur sind in den Bauakten, da diese weniger der Genehmigungspflicht unterlagen, nur Fragmente enthalten.

Die Innenausstattung des Warenhauses orientiert sich nach dem damaligen Zeitgeschmack ebenfalls am neoklassizistischen Stil. Die edle Gestaltung der Außenfassade findet ihre Entsprechung im Innern. Besonders beeindruckend muss der große Lichthof gewirkt haben, der wie die zwei kleineren Nebenhallen und die Treppenaufgänge in italienischem schwarz abgesetztem Marmor gehalten war. Vor allem zeitgenössische Berichte geben uns heute einen Einblick in das damalige Warenhaus. In der Zeitschrift „Architektur und Schaufenster" berichtet man im Dezember 1913 über das Innere des Bauwerkes: „Was von jedem, der das neue Haus besucht, als besonders ansprechend empfunden wird, ist die gediegene Eleganz des Hauses. Kein Pomp wirkt störend, alles ist von ausgesuchtem Geschmack." /32/. Weiterhin wird darin das Haus wie folgt beschrieben: „Einige interessante Zahlen des Neubaus dürften ... einen Begriff der Größe und Modernität...bieten. Der nutzbare Flächeninhalt sämtlicher Etagen beträgt zirka 25 000 qm. Die Gesamtfrontfassade hat 27 Schaufenster, 3 Haupt-Portale, 13 Fahrstühle, 8 Treppenhäuser, 3 Lichthöfe. Verbraucht wurden für den Bau u. a. 2 500 qm Marmor, zirka 2 100 cbm Sandsteine, zirka 20 000 cbm Beton, zirka 500 000 kg Eisen, zirka 3 000 qm Kupfer, zirka 45 000 m Rohre für elektrische Leitungen, zirka 100 000 m Draht. Das Haus wird erleuchte durch 430 000 Kerzen = 8 600 Glühlampen und 400 Bogenlampen. Für rasche Verständigung sorgen 85 Haus-Telephone, 25 Post-Telephone, 3 Post-Anschlüsse. Zur Feuersicherheit sind 330 selbsttätige Feuermelder und 25 Druckknopfnebenmelder angebracht ... Viele Automobile sorgen für die Expedition." /33/.

Um ein Bild von dem Erfindergeist der damaligen Warenhauserbauer zu bekommen, sei noch auf einige technisch hoch interessante Lösungen verwiesen. Nach den damals geltenden Brandschutzvorschriften, die noch aus der Zeit der Gasbeleuchtung herrührten, war eine direkte Verbindung von beleuchteten Schaufenstern und Verkaufsraum untersagt. Im Waren-

Großer Lichthof in Richtung Süden, um 1914.

Flacher Deckenleuchter, um 1914.

haus Tietz legte man so im Keller an den drei Schaufensteraußenseiten einen selbständigen Dekorationsgang an, der mit je einer Hubbühne für je ein Schaufenster versehen war. Damit konnte eine vom Publikumsverkehr vollkommen getrennte Dekoration der Schaufenster erfolgen /34/. Weiterhin wurde für den Betrieb der Fahrstühle eine durchaus interessante Lösung gefunden. Alle Fahrstühle wurden nach einem elektrohydraulischen System von einer elektrischen Wasserpumpenanlage bewegt, welche das verbrauchte Wasser wiederum in einem Sammelbecken deponierte. Um vom Wassernetz der Stadt unabhängig agieren zu können, wurden noch vor Baubeginn Brunnen unter dem Warenhaus angelegt.

Neben den damals durch alle Etagen gehenden Lichthöfen, die u. a. für die Belüftung sorgten, war im Keller eine Heiz- und Kühlanlage für eine Dampfluftheizung untergebracht, die das Haus mit dem richtigen Klima versorgte. Unter den Haupteingängen waren außerdem Heizkammern, die warme Luft nach oben bliesen und so an den Hauptportalen das Klimagleichgewicht im Haus gewährleisteten.

Helga Behn stellt in ihren Untersuchungen den Bezug zu Olbrichs Düsseldorfer Tietz-Bau her, der „seine größte Entsprechung in dem mittleren der drei Lichthöfe" des Warenhauses H. & C. Tietz in Chemnitz findet. Der Chemnitzer Lichthof ist ähnlich wie der Düsseldorfer strukturiert. Das Motiv der an eine Fensterwand grenzenden Stirnseite zeigt sich leicht modifiziert durch zwei eingestellte Pfeiler mit sehr breitem Mitteljoch /35/. Diese überaus starke Anlehnung an Olbrichs Tietz-Bau war dabei wohl weniger als eine Kopie gedacht, wie Helga Behn bemerkt, sondern sollte eher der im Werden befindlichen Typisierung der Warenhausarchitektur entsprechen. An dieser Typisierung sind in erster Linie auch die den Innenausbau ausführenden Unternehmen beteiligt. Die gesamte Inneneinrichtung (Vitrinen, Schränke, Verkaufsabteilungen, Schaufenster, Metall und Glaseinrichtungen) liefert die Firma Gebrüder Schöndorff (Düsseldorf), welche in der Funktion als Gesamtbauleitung weitere Unternehmen heranzieht. Die Beleuchtungskörper kommen von der Firma Akt.-Ges. für Fabrikation von Bronzewaren und Zinnguss vorm. J. C. Spinn & Sohn (Berlin), die Deckverglasung stellt die Firma Deutsche Luxfer Prismen Syndikat G. m. b. H. (Berlin-Weißensee) her und die Markisenanlage die Firma H. J. Trimborn Söhne (Bonn). Alle diese Unternehmen sind auch schon am Düsseldorfer Olbrichbau beteiligt gewesen und haben sich auf Großaufträge in dieser Branche spezialisiert /36/.

Die Eröffnung des Hauses wurde von einer großen Werbekampagne begleitet. In den Chemnitzer Tageszeitungen Volksstimme und Tageblatt wurde bereits einige Tage vor Eröffnung mit einseitigen Seiten das Ereignis angekündigt. Für den Werbeauftritt zeichnete als Leiter des „Propaganda-Bureaus" von H. & C. Tietz, Otto Lennhoff, verantwortlich, der schon vorher sein Talent beim Warenhaus Alsberg in Gelsenkirchen und bei der Firma Sachs in Nürnberg unter Beweis stellen konnte. Mit eingängigen Inseraten, die sich fast immer an der Architektur des Hauses orientierten, warb man damit, das „größte und vornehmste Geschäftshaus Sachsen" mit einer Fläche von 25 000 qm zu eröffnen. Neben der eigenen Firmierung unter H. & C. Tietz ist auch immer wieder das runde Tietz-Logo mit dem T und dem darin enthaltenen Schriftzug Tietz zu sehen, welches eigentlich zur Firmierung Hermann Tietz gehört, wohl aber die enge Verbindung beider Warenhäuser symbolisiert. Selbstverständlich fand die Reklameoffensive auch ihre Reaktion bei anderen Chemnitzer Kaufhäusern, die wie Schellenberger und Königsfeld ebenfalls in diesen Tagen mit großseitigen Inseraten die Aufmerksamkeit des Publikums suchten.

Nachdem man am 23. Oktober 1913 um 11 Uhr die offiziellen Vertreter der Stadtverwaltung und weitere Persönlichkeiten zu einer Vorbesichtigung eingeladen hatte, eröffnete das Haus um 16 Uhr. Die Volkstimme vom 24. Oktober hielt das Geschehen wie folgt fest: „Lange schon vorher umstand eine Schar Neugieriger die Tore, um im Vorübergehen einen Blick in die Hallen zu werfen. Und als die Stunde gekommen war, drang eine beängstigende Menge, ein wahrer Menschenstrom, durch die Portale. Jetzt, da das Haus bis auf den letzten Schlußpunkt fertig eingerichtet ist, präsentiert es sich erst in seiner ganzen Zweckmäßigkeit und Schönheit." /37/.

Bereits am 19. Oktober veröffentliche das Chemnitzer Tageblatt einen umfangreichen Artikel über den Neubau. „Ein Meisterwerk monumentaler Baukunst ist das Innere in seiner Gesamtheit. Das Hauptportal an der Wiesenstraße führt den Besucher sofort in den großen Lichthof. Eine Fülle von Sonnenlicht, das durch die mächtigen Glaswölbungen sich hereingießt, erhellt diesen Teil des Hauses am Tage, und Tageshelle verbreitet abends die große kunstvolle Beleuchtungsanlage... Die beiden Portale an der Post- und Moritzstraße führen uns in die beiden seitlichen, kleineren Lichthöfe, weniger riesig, aber gleichfalls mit der auch im kleinsten zu erkennenden großzügigen Auffassung ausgestattet sind... Die für das Publikum bestimmten Fahrstühle sind sehr geräumig und zeigen äußerlich eine vornehme braune Holzbekleidung. Die großen Treppen sind in lichtem italienischen Marmor gehalten, was besonders bei der breiten Freitreppe, die vom Hauptlichthof nach oben führt, sehr imposant wirkt. Aus der ersten Etage verdienen vor allem die Putz- und Modellsalons für Damen Erwähnung. Hier sind die schaffenden Künstler mit besonderer Liebe ans Werk gegangen, und es ist ihnen auch gelungen, stimmungsreiche und mit viel künstlerischem Geschmack ausgestattete Räumlichkeiten herzurichten, in denen sich unsere Damen bald wohl fühlen werden. Ein besonderes Schmuckstück unter den Damensalons stellt der Hutsalon dar. Von den Sehenswürdigkeiten der zweiten Etage ist zuerst der Erfrischungssalon zu nennen. Die hervorragend künstlerische und luxuriöse Einrichtung wird diesem Raum zweifellos viele Besucher zuführen, denen an Getränken und Leckerbissen weniger liegt. Die Wandbekleidung in ihrem hellen Birkenholz mit Nußbaumverzierungen bereitet die heitere Stimmung froher Daseinsfreude... Ein anderes Dokument für die künstlerische Einsicht, die bei Anlage der Verkaufsräume gewaltet hat, ist der Orient-Teppichsalon, ...ein weites Gemach mit Eichholzbekleidung und einer durch Handschnitzerei gezierten orientalischen Decke. Die dritte Etage enthält neben den Abteilungen für Glas-, Porzellan-, Holz- und Korbwaren auch die Lebensmittelabteilung." /38/. Das Warenhaus H. & C. Tietz stellt für Chemnitz einen Glücksfall dar. Nicht nur, dass man hier vorzüglich und zu besten Preisen einkaufen konnte, ist die Attraktion gewesen, sondern schon das Gebäude selbst. In der Stahlbetonbauausführung ist es von innen her für die Ewigkeit ausgelegt und in der baukünstlerischen Umsetzung von höchsten Ansprüchen diktiert. Als Warenhauspalast mit Marmortreppen und feinstem Innendekor steht es mit in der ersten Reihe derartiger Geschäftshäuser aus der Zeit vor dem Ersten Weltkrieg. Dass es auch später nichts an Reiz und Anziehungskraft einbüßt, beweist nicht zuletzt die nochmalige Erweiterung Ende der 1920er Jahre.

Jörn Richter

Uhrenabteilung, um 1914.

Damenkonfektion, um 1929.

Das ehemalige Warenhaus Tietz wurde 1963 als HO Warenhaus Zentrum eröffnet.

Das Warenhaus zwischen Erwa und Kaufhof

Neubeginn in Ruinen

Trümmerberäumung, Wiederherstellung der Infrastruktur und Beseitigung der Kriegsschäden waren die Hauptaufgaben, denen sich die neue Chemnitzer Stadtverwaltung nach Kriegsende stellen musste. Bereits in den ersten Ratssitzungen wurden Möglichkeiten des Umgangs mit stark beschädigten Gebäuden erörtert. Für die Tietz-Ruine bedeutete dies: Sprengung oder Instandsetzung, Abtragung oder Wiederaufbau? /1/. Neben der Erfassung der kriegsbedingten Schäden an den Bauwerken spielten häufig die infolge des NS-(Un)Rechts veränderten Eigentumsverhältnisse eine bedeutende Rolle.

Bereits im August 1945 erstellte das Steueramt ein Gutachten über das größtenteils ausgebrannte Warenhaus, für das sich der langjährige Stadtkämmerer und kurzzeitige Nachkriegsoberbürgermeister Dr. Fritz Gleibe verantwortlich zeigte. Aufgrund dieser Vorlage wurde in der Ratssitzung vom 3. September 1945 beschlossen, „zum Zwecke der Rückführung des Grundstückes Ecke Moritz- und Poststraße [...] auf den früheren Eigentümer Kommerzienrat Gustav Gerst [sind - J.N.] alle erforderlichen steuerrechtlichen Schritte zu unternehmen." /2/. In der Folgezeit gab es in Dresden Verhandlungen in dieser Frage, an denen neben Dr. Rudolf Friedrichs, dem Präsidenten der neugebildeten Landesverwaltung Sachsen, die Chemnitzer Dr. Gustav Leißner, Rechtsanwalt und Bevollmächtigter der wieder entstandenen Jüdischen Gemeinde, und Dr. Walter Müller, nach eigenen Angaben ehrenamtlicher Obmann der Stadt für Textileinzelhandel /3/, teilnahmen. Vereinbart wurde Folgendes, was in der Ratssitzung vom 8. Oktober 1945 auch zur positiven Abstimmung kam: „Die Stadt Chemnitz soll das fragliche Grundstück beschlagnahmen, und zwar zur Sicherung des Anspruchs des Wiedergutmachungsberechtigten zur Rückübereignung. Für den Fall, dass unmittelbar Berechtigte sich endgültig nicht herausstellen sollten, erklärt sich der Staat bereits jetzt bereit, das fragliche Grundstück nicht für sich in Anspruch zu nehmen, sondern es der Stadt Chemnitz zu überlassen. Zu einer zweckmäßigen wirtschaftlichen Ausnutzung soll sodann das Grundstück auf längere Zeit, etwa 30 Jahre, an Herrn Dr. Müller als Treuhänder für den endgültigen Berechtigten verpachtet werden." /4/. Die Warenhausgrundstücke, die sich noch im Besitz des Immobilenmaklers Henry Escher befanden, wurden letztlich nach Befehl 124 der Sowjetischen Militäradministration (SMAD) vom 30. Oktober 1945 durch die Stadt Chemnitz beschlagnahmt und als Sondervermögen verwaltet. Walter Müller, selbst Verfolgter des NS-Regimes, wollte im Auftrag des früheren Eigentümers das Warenhaus alsbald wieder errichten. Die Stadtverwaltung gab zu verstehen, dass sie „an einem solchen Unternehmen [...] auf jeden Fall ein besonderes Interesse [hätte - J.N.], um in das Stadtzentrum wieder

Die Tietz-Ruine aus Sicht des heutigen Parkplatzes Wiesenstraße, um 1950.

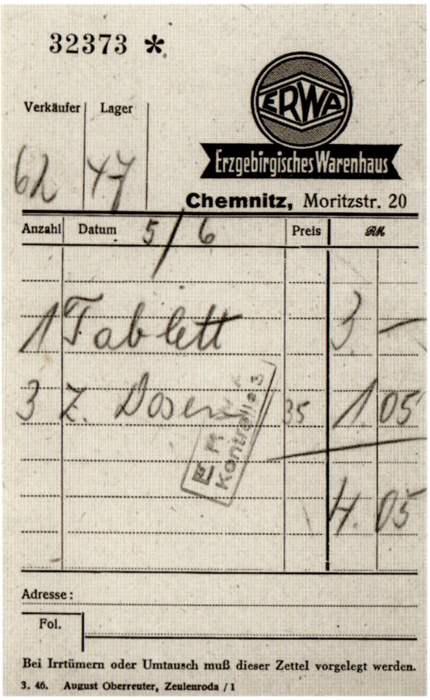

Erwa Kassenbon, um 1948.

ein gewisses Leben hineinzubringen und im Laufe der Zeit wenigstens den Versuch zu machen, die Kundschaft des umliegenden Bezirkes wieder in gewisser Hinsicht in die Stadt Chemnitz hereinzuziehen." /5/.

Für eine Wiederaufnahme des Warenhausbetriebes kam zunächst allein das an der Moritzstraße gelegene frühere Verwaltungsgebäude in Frage, wie Ortsbesichtigungen der Brandruine ergaben. Noch im Februar 1947 stellte der Baumeister Arthur Weißbach, der im Auftrag der Stadt Chemnitz mehrere Gutachten erstellt hatte, fest: „Vom Warenhaus [...] hat der Flügel an der Wiesenstraße durch Kriegseinwirkungen im Jahre 1945 wesentlich mehr gelitten als der Flügel an der Poststraße. [...] Das 4. Obergeschoß des Flügels an der Moritzstraße hat verhältnismäßig nur wenig [..] gelitten." /6/. Bereits am 5. Oktober 1945 hatte Walter Müller das künftige Geschäft beim Städtischen Gewerbeamt angemeldet. Die bekannte Firmenbezeichnung konnte hingegen wegen des noch anhängigen Konkursverfahrens beim Amtsgericht Frankfurt (Main) nicht verwendet werden. Schon am 1. Dezember 1945 informierte Dr. Müller die Öffentlichkeit über die bevorstehende Eröffnung des nunmehrigen Erzgebirgischen Warenhauses. Der Verkauf sollte zunächst im ersten Obergeschoss „auf engstem Raum" /7/ stattfinden. Sieben Jahre Zwangsschließung fanden am Vormittag des 3. Dezember 1945 ein Ende. Noch rechtzeitig zur umsatzstarken Vorweihnachtszeit wurde um 9 Uhr das Erzgebirgische Warenhaus mit einer Belegschaft von 85 Personen, die größtenteils schon vor 1939 bei H. & C. Tietz tätig gewesen waren, eröffnet. Die Kunden strömten in das in hellen Farben gehaltene sowie mit großen Fenstern und Beleuchtungskörpern versehene Provisorium und sorgten bis Jahresende für einen Umsatz, vor allem an Textilwaren, Haushaltsartikeln und Spielzeug, in Höhe von 210 000 RM. Von Anfang an wurde die damals lebenswichtige Reparaturaktion „Aus alt macht neu" angeboten. So konnten sich die Kunden aus Garnresten und mitgebrachten Stoffen Pullover, Jacken und Kinderbekleidung anfertigen lassen.

Erwa Eigenreklame, um 1948.

Dr. Müller bemühte sich trotz der widrigen Nachkriegssituation darum, in vielerlei Hinsicht an die Traditionen bei H. & C. Tietz anzuknüpfen, was auch den sozialen Bereich einschloss. So betrachtete er es als eine Herausforderung, für seine Mitarbeiter eine Betriebsküche zu eröffnen, was ihm auch als einem der Ersten in der Stadt gelang.

Am 28. Dezember 1945 veranlasste Dr. Müller die Registrierung des neuen Handelsbetriebes unter der Firma „ERWA Erzgebirgisches Warenhaus Walter Müller" beim Amtsgericht Chemnitz, wozu es aber erst zwei Monate später kommen sollte. Als Unternehmensziel nannte er ausdrücklich den „Wiederaufbau des 1938 infolge Boykotts geschlossenen Warenhauses H. & C. Tietz" /8/. Im Februar 1946 stellte der Chemnitzer Architekt Heinz Lieberwirth die ersten Bauanträge. Bereits im März 1946 hatte er das Stadtplanungsamt ersucht, die anstehenden Sicherungs- und In-

Nähstube im Warenhaus Erwa, Anbau Moritzstraße, um 1948.

standsetzungsarbeiten am Warenhaus an der Post- und Wiesenstraße in die städtische Dringlichkeitsliste aufzunehmen. Etwa 15.000 qm Verkaufsfläche sollten geschaffen werden. Dank der Unterstützung des damaligen Leiters für Sofortmaßnahmen wurde dieser Antrag genehmigt. In den Folgemonaten zeichnete sich eine weitere Veränderung in den Eigentumsverhältnissen ab. Eschers Firma Eigenheim- und Wohnungsbau Chemnitz gehörte zu den 70 Unternehmen im Stadtkreis Chemnitz, die durch den Sächsischen Volksentscheid vom 30. Juni 1946 in Eigentum des Volkes überführt werden sollten. Durch den Beschluss der Chemnitzer Stadtverordneten vom 22. Januar 1947 wurde das gesamte Firmenvermögen dem Städtischen Grundstücksamt übereignet. Teile des Erdgeschosses des an der Ecke Post- und Wiesenstraße gelegenen Hauptgebäudes wurden 1948 von der Volkssolidarität für Ausstellungen genutzt.

Das Erdgeschoss des Erzgebirgischen Warenhauses war bereits Anfang 1946 seiner neuen Bestimmung übergeben worden. Der ehemalige Personalerfrischungsraum sollte laut einer Absprache mit dem Rat der Stadt Chemnitz ab September 1946 als Wärmestube für die Bevölkerung vergrößert werden. Ab Februar 1947 plante Dr. Müller weitere bauliche Veränderungen. Büro- und Schneidereiräume verlegte man z. B. in das zweite Obergeschoss, wodurch eine weitere Vergrößerung des Erfrischungsraumes erreicht wurde. Dort fanden in den Nachkriegsjahren auch kulturelle Veranstaltungen statt, zum Teil für die Mitglieder der Chemnitzer Jüdischen Gemeinde. Von der Geschäftsführung wurden außerdem beeindruckende Modenschauen organisiert.

Dr. Walter Müller (1899-1957) leitete zwischen 1945 und 1948 das Warenhaus Erwa.

Der zerstörte Orientteppichsaal vor der Sanierung, 1958.

Der zerstörte Lichthof vor der Sanierung, 1958.

Blick vom Basarke-Anbau auf den Hinterhof, 1950er Jahre.

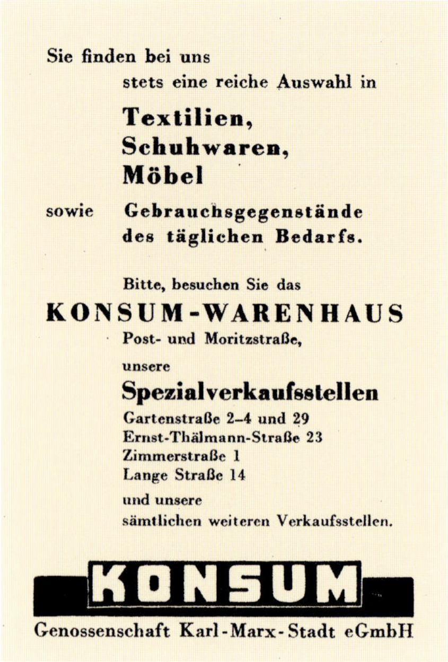

Konsum-Warenhaus, Eigenwerbung, um 1955.

Im Juli 1947 mußte Dr. Müller einen schweren Rückschlag hinnehmen, als er davon in Kenntnis gesetzt wurde, dass die Landesregierung „keine einstweilige Genehmigung für das Bauvorhaben Kaufhaus ERWA" im Rahmen ihrer Bauplanung für das laufende Jahr erteilte /9/. Damit sollte das Erzgebirgische Warenhaus ein Provisorium bleiben. Bereits am 10. Oktober 1947 begann man mit der Liquidation der Firma, die in den Händen der Prokuristen Emil Uhlig und Arthur Noetzel lag. Der 76-jährige Gustav Gerst hatte in dieser Zeit einen Besuch in Chemnitz geplant, der mehrfach im ERWA angekündigt worden war; jedoch starb der Firmengründer am 24. März 1948 in New York. Anfang April 1949 verlegte Dr. Walter Müller, sichtlich enttäuscht und verbittert, seinen Wohnsitz in die damaligen Westzonen. Bald darauf setzte er seinen Bruder, den Chemiker Dr. Johannes Müller, als Bevollmächtigten ein. Nach dem 22. April wurde ein Teil der Räume zeitweise für die zwei Wochen zuvor gestartete landesweite Sonderverkaufsaktion „Waren ohne Punkte" (W.o.P.) genutzt /10/. Im Mai betonte die kommissarische Geschäftsleitung gegenüber ihren Kunden, dass weiterhin täglich neue Haushalt-, Elektro- und Textilwaren im ERWA eingehen würden. Wie lange der Geschäftsbetrieb noch aufrechterhalten werden konnte, ist nicht überliefert. Spätestens ab August 1949 ging das Erzgebirgische Warenhaus endgültig in Liquidation.

Bereits 1949 war das ehemalige Gebäude von Tietz der Verwaltung der im Jahr zuvor gebildeten staatlichen Handelsorganisation (HO) unterstellt worden. Jedoch gelang es der Chemnitzer HO damals nicht, die erforderlichen Investitionsmittel für den Ausbau der Brandruine zu bekommen. Im April 1951 bewilligte das Ministerium für Aufbau lediglich 225 000 Mark für Instandsetzungs- und Sicherungsmaßnahmen. Der damals geplante Abtrag der äußeren Sandsteinverkleidung unterblieb. Anfang 1952 prüften die jeweils zuständigen Behörden, ob die Kaufhausruine als städtisches Verwaltungsgebäude, als Zentrale des Wismuthandels oder als Kulturhaus umgestaltet werden könnte, was jedoch auf einhellige Ablehnung stieß. Daher wurde am 15. Januar 1952 folgendes Fazit gezogen: „Für das ehemalige Kaufhaus Tietz besteht demnach z. Z. keine absehbare Verwendungsmöglichkeit. Die angestellten Untersuchungen lassen erkennen, daß es sich seinem ursprünglichen Zweck nach in volkswirtschaft-

Konsum-Warenhaus, Poststraße, 1955.

Konsum-Warenhaus mit Möbelverkauf an der Poststraße, um 1957.

lich vertretbarem Maße nur als Warenhaus eignet. Für den Ausbau kommt [...] deshalb lediglich die HO in Frage" /11/. In eben dieser Zeit veranlasste Paul Baender, Staatssekretär im Ministerium für Handel, dass das frühere Tietz-Verwaltungsgebäude an der Moritzstraße dem Verband Deutscher Konsumgenossenschaften (VDK) als Kaufstätte zugewiesen wurde. Noch vor den Weihnachtsfeiertagen 1952 stellte man zusätzlich einen Verkaufskiosk im Innenhof auf. Im Februar 1953 wurde ein Nutzungsvertrag zwischen der Wohnungs- und Grundstücksverwaltung der Stadt Chemnitz und dem VDK, Hauptverwaltung Warenhäuser, für das genannte Grundstück abgeschlossen. Die im Juli 1953 geplanten Bauvorhaben, durch welche für die Textilabteilung Lagerräume geschaffen werden sollten, wurden vom Rat der Stadt Karl-Marx-Stadt jedoch als angebliche „Fehlinvestitionen" /12/ abgelehnt.

Der äußerst starke Publikumsverkehr im Kaufhaus Moritzstraße veranlasste die Staatliche Bauaufsicht im November 1953, die dortigen Raumverhältnisse zu überprüfen. Eine Kommissionsbegehung ergab, „daß die jetzigen Räume des Konsum-Warenhauses weder in feuerschutztechnischer noch in bautechnischer und arbeitsschutzmäßiger Hinsicht genügen. Auch die hygienischen und sanitären Verhältnisse zwingen dazu, das Warenhaus zu schließen. Lediglich die Zeitumstände bedingen es, daß von der sofortigen Schließung Abstand genommen" /13/ wurde. Daraufhin fand eine Besprechung im VDK Warenhaus Karl-Marx-Stadt über den weiteren Ausbau statt. Ein weiterer provisorischer Verkaufsstand wurde im Frühjahr 1954 im Innenhof errichtet. In einem Teil des Hauptgebäudes richtete man einen Möbelverkauf ein, teilweise wurden die Schaufenster erneuert.

Im Sommer 1954 führten Wasserrohrbrüche und Unwetterkatastrophen, bei der vor allem die noch weitgehend intakten Kellerräume in Mitleidenschaft gezogen wurden, zu einer weiteren Verschlechterung der Lage in der Kaufhausruine. Teilweise mussten die geborgenen Waren in die benachbarte Industrieschule ausgelagert werden. Dennoch plante der Konsumgenossenschaftsverband der Stadt Karl-Marx-Stadt, dem mittlerweile die Trägerschaft für das Warenhaus oblag, im September 1954 dessen Umgestaltung in ein klassisches Textilhaus. Im Januar 1957 beabsichtigte die Konsumgenossenschaft sogar den Ausbau der ganzen Ruine zu einem Konsum-Warenhaus. Eine Übergabe des Gebäudes an die Konsumgenossenschaft wurde jedoch von den Behörden der Stadt Karl-Marx-Stadt kategorisch abgelehnt, da dies nicht im Einklang mit der staatlichen Handelspolitik der DDR stand /14/ und in der Verwaltung bereits seit Mitte der 1950er Jahre ebenfalls die Absicht herangereift war, das Warenhaus nach einer gründlichen Sanierung wieder in seiner ursprünglichen Funktion zu nutzen.

Jürgen Nitsche

Umbau zum Warenhaus am Ring

Am 23. Juli 1957 beschloss der Rat des Bezirkes Karl-Marx-Stadt, die Sanierung des Warenhauses aus staatlichen Mitteln zu einem volkseigenen Einzelhandelsbetrieb in Angriff zu nehmen. Der Rat der Stadt griff diese Vorlage auf und legte als „Investitionsträger" am 25. Oktober 1957 fest, die Brandruine als „Warenhaus am Ring" auszubauen. Am 3. Februar 1959 wurde im hiesigen Handelsregister die Löschung der schon seit über zwei Jahrzehnten nicht mehr bestehenden Firma veranlasst. Die 55-jährige Geschichte des Chemnitzer Warenhausbetriebes H. & C. Tietz hatte zwar damit ihr juristisches Ende gefunden, jedoch nicht die des Warenhausgebäudes /15/.

Für das Bamberger Warenhaus hatte die inzwischen verwitwete Ella Gerst 1948 ein Rückerstattungsverfahren angestrengt. Zwischen ihr dem Freistaat Bayern und der Hertie GmbH war es im Juli 1950 zu einem Vergleich gekommen /16/. In der Sowjetischen Besatzungszone (SBZ) hatte es zwar gedankliche und zum Teil auch politische Ansätze für eine Wiedergutmachung von Schäden, die der jüdischen Bevölkerung während der NS-Gewaltherrschaft zugefügt worden waren, gegeben. Dies führte jedoch nicht zur Verabschiedung eines umfassenden Gesetzes nach 1949. Noch Jahre später teilte der Rat des Bezirkes Karl-Marx-Stadt den Erben von Hermann Fürstenheim, die den Wert des konfiszierten Warenhauses mit 1 350 000 RM beziffert hatten, mit, „daß es in der DDR kein Wiedergutmachungsgesetz für Schäden aus der Nazizeit gegenüber Juden gibt. Dieser Personenkreis genießt bei uns die gleiche Anerkennung und Rechte wie alle anderen anerkannten Verfolgten des Naziregimes." /17/.

Die Volkskammer der DDR stellte den Warenhausbau am 24. Januar 1959 in ihren Volkswirtschaftsplan mit der Vorgabe ein, ihn bis Ende 1961 zu vollenden /18/. Der Aufbau des Warenhauses erfolgte nach den Maßgaben der damaligen sozialistischen Planwirtschaft und stand in engem Zusammenhang mit der architektonischen Neugestaltung von Karl-Marx-Stadt zu einer sozialistischen Industriegroßstadt.

Acht Millionen Mark waren laut Plan für die Rekonstruktion vorgesehen. Dazu wurde ein Wettbewerb zwischen den großen Architekturbüros der Stadt, dem VEB Hochbauprojektierung und dem Entwurfsbüro für Industriebau Karl-Marx-Stadt des Ministeriums für Aufbau, später VEB Industrieprojektierung, ausgeschrieben. Der Wettbewerb wurde letztlich zu Gunsten der Entwürfe von Werner Schulze (Architekt) und Wolfgang Schumann (Innenarchitekt) vom VEB Industrieprojektierung entschieden, die sich mit ihrem Projekt auch weitgehend in dem vorgeschriebenen Kostenrahmen bewegten. In die Phase

Das sanierte Warenhaus HO Zentrum mit Kragdach, Ansicht Wiesenstraße, um 1963.

der Projektierung fiel auch die bedeutsame Leipziger Handelskonferenz von 1958, die auf die Umsetzung neuer Verkaufsmethoden wie „Waren in Vorauswahl" den Kunden anzubieten, orientierte. Dieses Konzept bedeutete von vornherein das Anlegen von großzügigen und übersichtlichen Verkaufsabteilungen für das neue Warenhaus /19/.
Obwohl die Projektierungsarbeiten noch nicht restlos abgeschlossen waren, begannen im Juli 1958 bereits die Abbrucharbeiten, während im Erdgeschoss der Verkauf des Konsum-Möbelhauses noch weiterlief. Erst zum 30. Juni 1959 wurde das Haus komplett für die Bauarbeiten geschlossen. Bis Anfang 1960 stellte sich im Laufe der Sanierung heraus, dass das Stahlbetonskelett schwere Schäden davongetragen hatte und das Bauvorhaben, weder in der vorgegebenen Zeit noch in dem finanziellen Rahmen zu realisieren war. Es erfolgte daraufhin eine „Plankorrektur". Am 1. April 1960 wurde über die Deutsche Investbank das HO-Warenhaus Brückenstraße (ehemals Kaufhaus Schocken) als Investitionsträger eingesetzt. Die Bauleitung lag in den Händen von Werner Wendisch und Günter Lowitz. Gleichzeitig mussten jedoch die Projektunterlagen für das Haus grundlegend überarbeitet werden. In erstaunlicher Offenheit berichtete „Pulsschlag", die Betriebszeitung des Warenhauses, zur Eröffnung über die Bauschwierigkeiten: Da die „[...] vom Gesetzgeber dafür verantwortlichen Institutionen die Übernahme und Ausführung dieser Projektierungsteile wegen Mangel an Erfahrung ablehnten", wurden für die Baustelle die Arbeitsgemeinschaften „Ökonomischer Teil" und „Technologischer Teil" gebildet, welche innerhalb von drei Monaten die fehlenden Projektdokumentationen erarbeiteten. Doch die Bauarbeiten gestalteten sich auch weiterhin schwierig. Obwohl nach den Bombenschäden vom März 1945 das Warenhaus immer wieder eine Objektsicherung mit Dach- und Fensterreparaturen erhalten hatte, war die Substanz des mittlerweile fast 50-jährigen Gebäudes teilweise verschlissen. Das Haus musste völlig entkernt werden. Da der Beton im Bereich der Stützen und Deckenfelder nicht mehr die nötige Festigkeit aufwies, mussten ganze Säulen ausgetauscht und teilweise die Fundamente verstärkt werden. Weiterhin war eine besondere Isolierung gegen das Eindringen von Grundwasser erforderlich.

Baustellenleitung, Umbau des Warenhauses, Werner Wendisch (2.v.l.), um 1963.

Trotz der damaligen zeit- und systembedingten Schwächen sollte das HO-Warenhaus erneut einen besonderen Platz im Antlitz der Stadt einnehmen. Es war das erste derartige Warenhausprojekt, welches nach dem Zweiten Weltkrieg in der DDR realisiert wurde und es sollte daher ein Musterbau nach dem neuesten Erkenntnisstand werden.
Mit der Neugestaltung des Hauses nahm man auch entscheidende Eingriffe in die Grundstruktur vor. Während Wilhelm Kreis Tageslicht und natürliche Belüftung in seinem Konzept organisch integriert hatte, wurde unter dem Blickwinkel, Verkaufsflächen zu gewinnen sowie die verschiedenen Etagen über Fahrtreppen zu erreichen, das Lichthofkonzept völlig verworfen. Man schloss die kleinen Lichthöfe zu Gunsten von jeweils zwei Fahrtreppen. Selbst der große Lichthof sollte für ein größeres Verkaufsflächenangebot überspannt werden. Dies geschah nur deshalb nicht, erinnerte sich Werner Wendisch 40 Jahre später, weil dadurch noch mehr der ohnehin schon knappen Baukapazitäten gebunden worden wären /20/. Mit einer überzogenen, nicht mehr lichtdurchlässigen Decke erhielt der große Lichthof über der dritten Etage jedoch trotzdem eine neue Gestaltung. Durch das Schließen der Lichthöfe wurde ein neues Licht-Klima-Konzept erforderlich, welches eine damals moderne Klimainstallation beinhaltete. Eine innenarchitektonische Meisterleistung stellten aus der damaligen Sichtweise die „Rotterdamer Decken" in den Verkaufsetagen dar. Diese Betondecken waren mit schwarzer Farbe gestrichen und wurden durch winklig angeordnete, damals als Lichtquellen erster Güte betrachtete Neonröhren durchzogen. Dies erzeugte den Eindruck, als ob die Decken mit schwarzem Glas verkleidet seien. Durch den Verschluss der Lichthöfe entstand ebenfalls neue innere Wegebeziehungen. Die Straßeneingänge wurden entsprechend der 12 Fahrtreppen angelegt und der ehemalige Haupteingang Wiesenstraße verlor seine repräsentative Funktion, wurde jedoch als Eingang zum neu entstandenen Parkplatz genutzt.
Die relativ gut erhaltene Außenfassade strahlte man ab, so dass der Naturstein wieder seine Geltung erhielt. „Die größte und nach außen am meisten sichtbare Veränderung wurde durch den Umbau des Erdgeschosses vorgenommen. An der Poststraße

Ehemaliger großer Lichthof nach der Sanierung, 1963.

Ehemaliger großer Lichthof nach der Sanierung, 1963.

(heute: Bahnhofstraße) wurden durchgehende, bis drei Meter tiefe Durchsichtsschaufenster angeordnet. Alle übrigen Schaufenster erhielten größere Tiefen als früher und einen Dekorationsgang. Durch den Einbau einer ausragenden Zwischendecke über den Schaufenstern reduzierte sich die Schaufensterhöhe auf 2,50 Meter. Das Erdgeschoss erhielt damit eine völlig horizontale Gliederung und wurde förmlich vom übrigen Baukörper abgeschnitten. Die Stützen wurden mit Theumaer Schiefer verkleidet und die Verglasung davor durchgehend vorbeigeführt. An der Moritzstraße legte man die Schaufenster um etwa ein Joch [ca. 4-5 m] in das Gebäude zurück und schuf damit einen Arkadengang." /21/.

Treppe zum ersten Obergeschoss im ehemaligen großen Lichthof, 1963.

Der Umbau des Warenhauses kostete letztlich 13,2 Millionen Mark, wobei man zur Eröffnung in der Presse hervorhob, ca. 800 000 Mark durch Rationalisierungen eingespart zu haben. Dass der Umbau sich jedoch länger hinzog und kostenintensiver geworden war als 1957/1958 ursprünglich geplant, vermied man in den Mitteilungen zu erwähnen. Lediglich in den internen Berichten des Warenhauses beklagte man, dass „ [...] z. B. die klimatischen Verbesserungen, einwandfreie Ausführung von Dächern, der Abwasserbehandlung und das gesamte Rohrleitungssystem nur zum möglichen [Teil bei den Umbauarbeiten] realisiert werden konnten" /22/. Öffentlich wurden jedoch derartige Mängel nicht kritisiert.

Jörn Richter

HO Zentrum, Warenhaus Centrum und Kaufhof

Mit der triumphalen Schlagzeile „Größtes Warenhaus der DDR" kündigte die „Freie Presse" am 28. März 1963 die Übergabe des Warenhauses HO Zentrum durch den Oberbürgermeister der Stadt Karl-Marx-Stadt und den stellvertretenden Minister für Handel und Versorgung an /23/. Am Eröffnungstag strömten über 37 000 Kunden in das Haus. Am darauf folgenden Osterwochenende mit Sonntagsöffnung rissen diese Kundenströme nicht ab. Das Warenhaus stellte damals mit ca. 10 000 qm Verkaufs- und 5 000 qm Lagerfläche das „modernste Warenhaus der DDR" dar und verfügte über 800 Arbeitsplätze. Trotz der Neueröffnung behielt das Haus im Volksmund weiterhin seinen alten Namen. Man sagte noch immer: „Wir kaufen bei Tietz ein". Dies war auch die seit Jahrzehnten einfachste gebräuchliche Unterscheidung zum anderen großen Warenhaus an der Brückenstraße, welches ebenso unter dem Namen „Schocken" in der Umgangssprache existierte. Jeder wusste mit beiden Namen der früheren Warenhaus-Eigentümer etwas anzufangen.

Die offizielle Bezeichnung des Warenhauses richtete sich nach dem Straßennamen. Als erste Anschrift war Moritzstraße 20 zu lesen. Im Zuge des weiteren Aufbaus des Stadtzentrums erlangte die durch das Stadtzentrum führende heutige Bahnhofstraße zwischen Falkeplatz und Hauptbahnhof an Bedeutung und sorgte für die Namensgebungen. So wurde das Haus wenige Monate nach der Wiedereröffnung als Warenhaus Poststraße bezeichnet, bis man diese Straße in Philipp-Müller-Straße umbenannte. Von 1974 bis 1990 hatte sie den Namen Otto-Grotewohl-Straße.

In den 1960er Jahren gab es Vorstellungen, das Warenhaus an seiner Hofseite durch einen Erweiterungsbau in Richtung der ehemaligen Bushaltestelle, heute befindet sich dort der Moritzhof, zu schließen. Diese Pläne scheiterten jedoch an den materiellen und finanziellen Möglichkeiten der damaligen Zeit.

Im neu eröffneten HO Zentrum wurden 1963 die Bekleidungs- und Schuhsortimente für Damen, Herren und Kinder, Sport- und Spielwaren sowie Freizeitartikel und Industriewaren angeboten. In dem Hause verkaufte man ca. 50 Prozent aller Bekleidungsstücke und Textilien der Stadt. Besonderen Zuspruch fanden die Dienstleistungen, wie der Warenhaus-Kundendienst, das Maßatelier und die Änderungsschneiderei der PGH Madame, die Sparkasse sowie die gastronomische Versorgung der Kunden im so genannten Erfrischungsraum (Kundenrestaurant) und in der Milchbar als Nichtrauchergaststätten. Neu war auch, dass etwa 80 Prozent aller Waren „in Vorauswahl", einem Vorläufer der Selbstbedienung, angeboten wurden. Der Kunde wurde nicht mehr durch Ladentische von der Ware getrennt, sondern direkt zu ihr geführt. Mit vier Personenaufzügen und insgesamt 12 Fahrtreppen gelangte man in alle Verkaufsetagen. All diese Vorteile machten das Warenhaus attraktiv und kundenfreundlich. Das Weihnachtsgeschäft 1963 wurde in der "Freien Presse" mit Rekordeinkäufen betitelt. Um den Kundenstrom zu bewältigen, unterstützen 150 Aushilfskräfte das Stammpersonal. Im ersten Jahr nach der Wiedereröffnung betrug der Umsatz 51,6 Millionen Mark. Das damals größte Warenhaus der DDR erlangte schnell einen sehr guten Ruf. Diese neue Einkaufsstätte war auch für Kunden aus der näheren Umgebung der Stadt und aus dem Erzgebirge zu einem Anziehungspunkt geworden. Der Charakter des Hauses wurde auch durch interessante Veranstaltungen, wie Modenschauen auf der Freitreppe, Sonderverkäufe und anspruchsvolle Dekorationen im Lichthof, Autogrammstunden mit Sportlern, usw. geprägt. Viele Prominente waren Gast des Hauses. Außerdem dienten der Lichthof und die Freitreppe als begehrte Drehorte für Fernsehsendungen wie „Mode und Musik" mit Chris Doerk und Frank Schöbel oder auch für die Serie „Schlager einer großen Stadt" mit Heinz-Florian Oertel. Das Warenhaus galt nach seiner Wiedereröffnung als ein hochkaräti-

Rundgang zur Eröffnung am 28. März 1963.

Mokka-Milch-Eisbar, 1963.

Hutabteilung im ehemaligen Orientteppichsaal, 1963.

Kinderabteilung in der dritten Verkaufsetage mit „Rotterdamer Decken", 1963.

Kunstgewerbeabteilung im Warenhaus, 1963.

Stoffabteilung im Warenhaus, 1963.

Selbstbedienungsgaststätte im Warenhaus an der Seite zur Moritzstraße, 1963.

ges Vorzeigeobjekt und war somit oft eine Station für offizielle Gäste aus dem In- und Ausland. Eine viel bewunderte Attraktion zur Weihnachtszeit war alljährlich die typisch erzgebirgische Dekoration. Mit viel Liebe und Fantasie verwandelten die Handwerker des Hauses und die Mitarbeiter der Werbeabteilung das Warenhaus für die Adventszeit in einen „Weihnachtspalast". Auf dem Kragdach standen Engel, Bergmänner neben Schwibbögen und im Lichthof befand sich eine große Pyramide.

1965 war die Geburtsstunde der bis 1990 existierenden Centrum-Warenhäuser in der DDR. Am Karl-Marx-Städter Warenhaus HO Zentrum wurde aus dem „Z" ein „C", wobei man alles klein schrieb. Die Bezeichnung „HO" fiel weg. Später war in blauen Großbuchstaben „CENTRUM" über den Eingängen und an der Fassade zu lesen. Das davor gestellte Logo, ein großes „C" in einem symbolisierten eingerahmten Haus, war das Markenzeichen der neu gegründeten Vereinigung Volkseigener Warenhäuser (VVW) Centrum. Neben beiden Häusern aus Karl-Marx-Stadt gehörten dem Verbund auch die Warenhäuser in Leipzig (Stammsitz), Berlin, Erfurt, Dresden und Rostock an. Später kamen noch weitere Warenhäuser, insbesondere aus anderen DDR-Bezirkshauptstädten, hinzu.

Die Sortimentsaufteilung blieb in beiden Häusern im Wesentlichen erhalten, so dass auch weiterhin das Konzept beibehalten wurde, das Warenhaus Poststraße als Textil- und Bekleidungshaus und das Warenhaus Brückenstraße als Einrichtungshaus zu nutzen. Die so genannten „Zweitplatzierungen" von Waren des täglichen Bedarfs sollte dem Kunden Wege ersparen. Die zwei Warenhäuser der Stadt warben mit dem einprägsamen Slogan „Ein Name – zwei Häuser – ein Begriff" als zusammengehörige Bestandteile der Centrum-Warenhaus-Kette.

1968 führte man eine neue Struktur mit der Bildung von Handelsbereichen und Verkaufsabteilungen ein. Dem folgte 1970 ein neues Konzept für alle Verkaufsetagen. Im Erdgeschoss wurden danach die Waren des täglichen Bedarfs angeboten, in der ersten Etage befanden sich die Damen- und Herrenkonfektion, im zweiten Obergeschoss wurden die Kinder- und Jugendmodeabteilung sowie das Kundenrestaurant eingerichtet und in der dritten Etage konnte man das komplette Freizeitsortiment unter dem neuen Namen „Expovita" erhalten.

In diesem Zusammenhang soll Siegmund Rotstein erwähnt werden, der seit 1957 leitende Aufgaben im Großhandel übernommen hatte. Mitte der 1960er Jahre wurde er Abteilungsleiter für Herrenkonfektion im Warenhaus. Als stellvertretender Fachdirektor Handel für Verkauf war er bis zu seiner Pensionierung 1986 an der unmittelbaren Leitung des Hauses beteiligt /24/. Es war ein historischer Zufall, dass sich im Tietz durch den Vorsitzenden der Jüdischen Gemeinde die jüdische Tradition des Warenhauses auf diese Art fortsetzte.

Während der 1970er und 1980er Jahre erfolgten zahlreiche Umbauarbeiten in den Verkaufsetagen. So wurden 1982 alle Verkaufsetagen nach da-

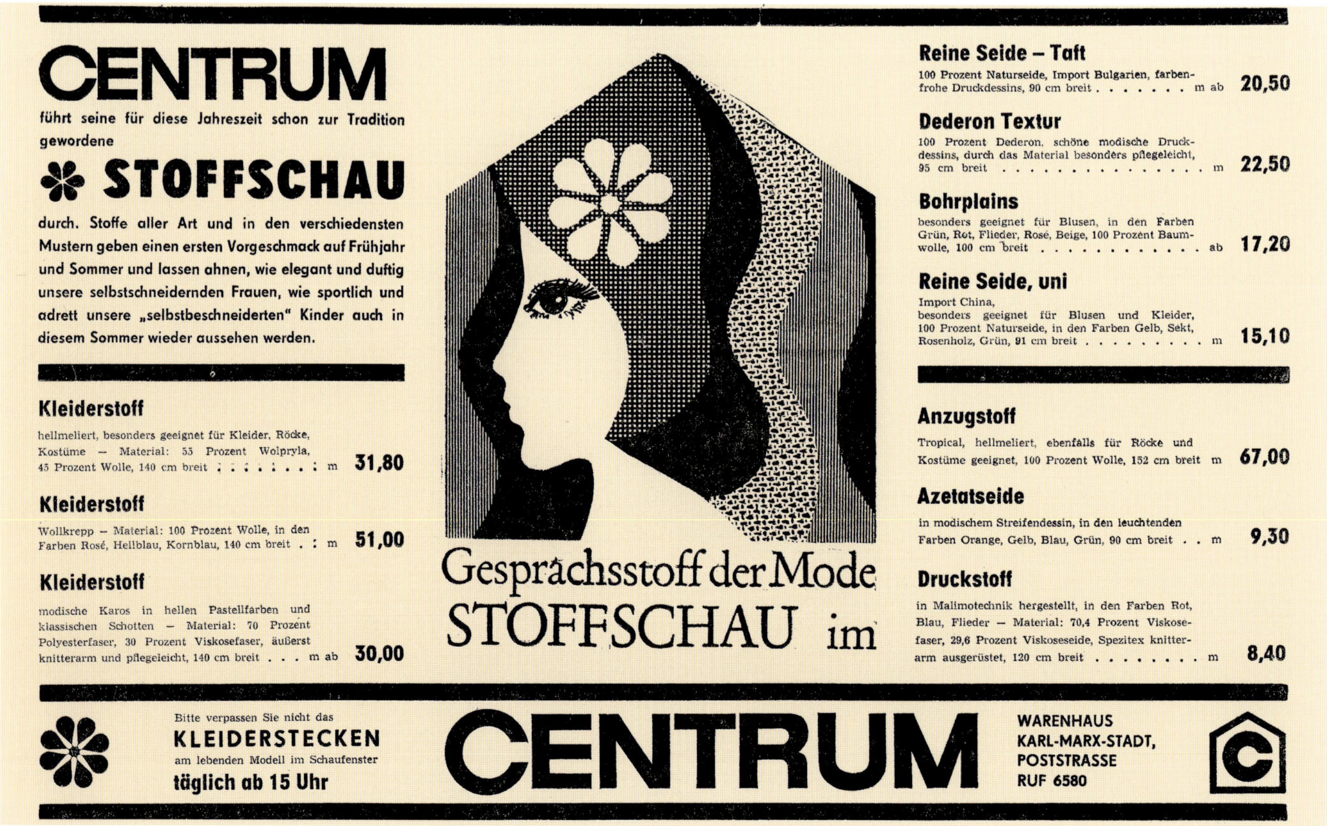

Centrum Werbung in der Freien Presse vom 7. Februar 1969.

mals modernen handelstechnologischen Vorgaben erneuert. Neben neuen Ladenmöbeln konnten im Innenraum des Hauses auch Verschönerungsarbeiten realisiert und neues Parkett verlegt werden. Jedoch reichten die so genannten staatlichen „Baubilanzzuweisungen" nicht aus, den fortscheitenden Verschleiß des Hauses und der Technik aufzuhalten. So gelang es nicht, die Fahrtreppen und Aufzüge durch Neuanschaffungen auszutauschen. Am Gebäude selbst wurden auf Grund fehlender Baukapazitäten nur absolut notwendige Instandsetzungsarbeiten vorgenommen. Eine für Mitte der 1980er Jahre geplante und bereits detailliert vorbereitete Rekonstruktion der Lageretagen strich man aus Kapazitätsgründen. Durch die betriebseigenen Handwerker sowie mit guten Beziehungen zu kleinen und mittleren Firmen wurde mit viel Aufwand repariert und improvisiert, um den Warenhausbetrieb aufrecht erhalten zu können. Dem Fleiß und dem Können der Beschäftigten war es zu verdanken, dass die schwierigen Situationen, ob bei der Versorgung der Bevölkerung oder beim baulich-technischen Zustand des Gebäudes, gemeistert wurden.
In der zweiten Hälfte der 1980er Jahre suchte man im DDR-Handel neue Wege, um die Angebote für die Bevölkerung zu verbessern. So eröffnete im Warenhaus die Verkaufseinrichtung B & C. Das „B" stand für Kombinat Baumwolle und das „C" für Centrum. Diese Abteilung belieferte das Warenhaus direkt, unter Ausschaltung des Großhandels. Als ein absolutes Novum im DDR-Handel wurde dieser Verkaufsstand mit Ladenausrüstung aus der BRD eingerichtet. Schrittweise begann in diesen Jahren auch die Rekonstruktion der Schaufenster. 1988 gestaltete man das Erdgeschoss zu einem so genannten Marktplatz um. Dabei erhielten weitere bekannte DDR-Produzenten, wie z.B. Florena, eigene Verkaufsstände. 1988 lag im Warenhaus Otto-Grotewohl-Straße der Umsatzplan bei 178,1 Millionen Mark. Damals beschäftigte man im Haus 650 Mitarbeiter.
1990/1991 erwarb die Kaufhof AG die Warenhäuser Brückenstraße und Bahnhofstraße und nutzte sie bis zum Jahre 2001. Eine umfassende Umgestaltung vollzog sich in den Wochen vor der Einführung der Währungsunion. Zum Verkaufsstart mit der D-Mark brillierte man mit neuen Waren. Bis zur eigentlichen Neueröffnung unter dem Namen Kaufhof am 28. Oktober 1991 wurden im ehemaligen Tietz die Verkaufsetagen reorganisiert und dem Kaufhof-Prinzip weitestgehend angepasst. So erfolgte u. a. der Einbau einer neuen Fahrtreppenanlage. Der gesamte Umbau in beiden Gebäuden wurde mit 10 Millionen DM beziffert. Mit der Eröffnung des gläsernen Warenhauses „Galeria Kaufhof" am Neumarkt im Herbst 2001 endete die Geschichte des Tietz als Warenhaus.

Frank Hofmann

Schuhwarenabteilung, um 1970.

Ehemalige Unterführung von der Zentralhaltestelle zum Centrum, um 1985.

Plastik von Johannes Knubel auf dem Balkon Bahnhofstraße Ecke Wiesenstraße.

An der Sanierung von 2001 bis 2004 beteiligte Unternehmen und ihre Leistungen

Architekten und Ingenieure

Generalplaner
C & E Consulting und Engineering GmbH, Chemnitz

Projektsteuerung
Architekturbüro Fleischmann und Kasperek, Nürnberg und Chemnitz

Vermessung
Vermessungsbüro Steffen Oertelt, Chemnitz

Sicherheitskoordinator
Ingenieurbüro für Arbeitssicherheit und Unternehmensbetreuung Claus Meyer, Zeithain

Brandschutz
Prof. Dr.-Ing. Gert Beilicke, IBB Ingenieurbüro für Brandschutz VBI, Leipzig

Schallschutz
Dipl.-Ing. T. Seltmann, Jahnsdorf

Prüfingenieur Statik
Ingenieurbüro Dipl.-Ing. Christoph Götze, Chemnitz

Gebäudeströmungs- und Brandsimulation
GTD, Gebäude-Technik-Dresden GmbH

Verband der Sachversicherer
Technische Prüfstelle VdS Plauen

Sachverständiger nach Baurecht
TÜV Süddeutschland, Geschäftsstelle Chemnitz

Studie zur Nutzung des Hauses
Gottlieb Duttweiler Institute, Rüschlikon / Zürich, Schweiz

Bau- und Handwerksfirmen

Baustelleneinrichtung, Abbruch
Businessconsult, Chemnitz

Stromversorgung der Baustelle
ELAS Elektrobau GmbH, Chemnitz

Bauwasser
HMS Sanitärinstallations GmbH, Chemnitz

Erdarbeiten, Feuchtigkeitsschutz, Außenarbeiten
Grätsch & Söhne GmbH Bauunternehmung Hoch- und Tiefbau, Chemnitz

Betonertüchtigung, statischer Abbruch, Putz-, Maurer-, Beton-, Stahlbetonarbeiten
Bilfinger + Berger AG, Niederlassung Hochbau Erfurt, Büro Chemnitz

Lichtdächer und Fenster
Metallbau Karsten Wolf, Chemnitz

Natursteinfassade
F. X. Rauch GmbH & Co. KG Naturstein am Bau, Niederlassung Leipzig

Außenputz an den Fassaden Basarke-Haus und Reitbahnstraße
Fa. Wächtler Bau GmbH, Chemnitz

Gerüstbauarbeiten
CSG Chemnitzer Stahlrohrgerüstbau GmbH

Dachdeckerarbeiten
Wolff & Müller GmbH & Co. KG, Zweigniederlassung Leipzig

Trockenbau, Trockenbauwände
Mawedur Fachbetrieb, Reichenbach

Unterdeckeneinbau
Jens Beyer Akustik- und Trockenbau, Chemnitz

Herstellen von allen Estrichen
Unger Boden-Systeme GmbH, Chemnitz

Innenputz
Ludwig Gutsche Putz GmbH, Wittenberge

Tischlerarbeiten, Innentüren
Nabel-Möbel, Chemnitz

Metallbau- und Schlossarbeiten, Glastrennwände
SFB Schwengber Fenster- und Fassadenbau, Burkersdorf

Malerarbeiten
Maler Schlegel GmbH, Chemnitz

Bodenbelagsarbeiten, Bodenbeläge
Waschke GmbH Co KG Offenburg, Zweigniederlassung Remsa

Glasfassaden, Sonnenschutz
Gebr. Stellmach Metall-Bau GmbH, Kröpelin

Schließanlage des Hauses
Heiko Rainer Sicherheitsfachgeschäft, Stollberg

Aufzüge
ThyssenKrupp Aufzüge Nordost GmbH Niederlassung Dresden, Büro Chemnitz

Befahranlagen der Lichthöfe
Schindler Aufzüge und Fahrtreppen GmbH, Niederlassung Chemnitz

Blitzschutzanlage
BEP Blitzschutzanlagenbau, Remsa

Elektroarbeiten, Beleuchtung, Fernmeldetechnik, Leitungsnetze
Elektro Vieweg KG, Chemnitz

Gefahren- und Brandmeldeanlage
Chubb Nord-Alarm GmbH & Co. KG, Niederlassung Sachsen, Leipzig

Gebäudeautomation, Mess-, Steuer- und Regeltechnik
MSR Elektronik, Limbach-Oberfrohna

Lüftungsanlage
Wärmetechnik Wilkau-Haßlau GmbH & Co. KG

Heizung
Müller GmbH & Co. KG, Frauenstein/ Burkersdorf

Sanitärinstallation
Liebelt Haustechnik GmbH, Wilkau-Haßlau

Sprinkleranlage
HT Protect und Sicherheitstechnik GmbH, Hartmannsdorf

Gebäudereinigung
Secus Dienstleistungs GmbH, Chemnitz

Das Tietz
Denkmalschutz und Sanierung

Stadt- und kulturgeschichtliche Aspekte des Denkmalschutzes

Das Warenhaus H. & C. Tietz Chemnitz gehört zu einer Gruppe von sieben großen Warenhäusern, die der Architekt Prof. Wilhelm Kreis in einem Zeitraum von nur fünf Jahren in ganz Deutschland errichtet hat. Es ist dabei das Einzige in Sachsen wie auch in den östlichen Bundesländern und somit ein wichtiger Grund für das öffentliche Interesse an der Erhaltung dieses unikaten Gebäudes. Bereits in der ersten Denkmalliste der Stadt von 1980 war auch das HO Warenhaus Centrum (ehemals Tietz) verankert. Doch es gibt noch einige Gründe mehr, die den Denkmalwert für das „Tietz", gemäß Sächsischem Denkmalschutzgesetz von 1993, definieren.

Die ersten Handelsgebäude in der Art von frühen „Kaufhäusern" entstanden im deutschen Raum bereits im 14. Jahrhundert. Entsprechend der Bedeutung und Wirtschaftskraft der Städte entwickelten sich diese zu eigenständigen, das Stadtbild prägenden Gebäuden, den Tuchhallen und Gewandhäusern etc. So zum Beispiel auch das

Chemnitzer Gewandhaus am Markt, um 1800.

Der große Lichthof von J. M. Olbrich für L. Tietz Düsseldorf (1909) war für W. Kreis Vorlage des Chemnitzer Hauses.

Großer Lichthof, Warenhaus Leonhard Tietz Elberfeld, mit Plastiken von Johannes Knubel, 1912.

ehemalige Chemnitzer Gewandhaus, erbaut 1499 am Markt, welches lange Zeit das prächtigste Gebäude der Stadt darstellte. Vom 17. bis Mitte des 19. Jahrhunderts erfolgte die Zusammenfassung von Einzelhändlern in besonderen Handels- und Kaufhöfen. Seit der Mitte des 19. Jahrhunderts führte die Differenzierung der Angebotssortimente zur Herausbildung des mehrgeschossigen Warenhauses. Bahnbrechend war zu dieser Zeit die neue Warenhausarchitektur in Frankreich und England. In Berlin setzte sich Karl Friedrich Schinkel schon 1827 mit seinen Entwürfen zu einem Kaufhaus „Unter den Linden" mit der Thematik des Warenhauses auseinander. Das erste neuzeitliche Warenhaus in Europa entstand 1855 mit den Grands Magasins de Louvre in Paris. Die in Paris später folgenden Warenhäuser besaßen beeindruckende, sichtbar belassene Eisenkonstruktionen, die aber in Deutschland baupolizeilich nicht zugelassen waren. Schon damals entwickelten sich einige funktionelle Anforderungen an das Großkaufhaus, die noch heute ihre Gültigkeit besitzen. Durch die Entwicklung des Eisenbetons konnte man um 1900 nun auch in Deutschland konstruktiv besser den neuen Bauanforderungen folgen. Wesentlicher Faktor war dabei die Entwicklung eines neuen Bautyps, des modernen Großkaufhauses. Diese Entwicklung wurde insbesondere durch die Bauten von Alfred Messel beim Wertheim Haus in Berlin, 1895-1898/1904, und Joseph Maria Olbrich in Düsseldorf für das Warenhaus Leonhard Tietz, 1907-1909, eingeleitet. Messels Pfeiler- und Lisenenarchitektur blieb noch lange Zeit für den Warenhaustyp in Deutschland beispielgebend. Eine konsequente Änderung dieser Auffassung erreichte erst Erich Mendelsohn mit den Warenhäusern für Schocken, 1926 in Stuttgart, und 1928-1929 mit der geschwungenen Bandfassade an der Brückenstraße in Chemnitz. Olbrichs Warenhaus für Leonhard Tietz in Düsseldorf ist unter Einsatz kostbarster Materialien wohl eines der schönsten Jugendstil-Warenhäuser in Deutschland und hatte den „Qualitätsbegriff" als Leitmotiv des Warenhauses herausgestellt. Nach dem Tode von Messel und Olbrich avancierte ab 1910 Wilhelm Kreis zum führenden Warenhaus-Architekten in Deutschland.

Der Entwurf von Kreis für das Warenhaus H. & C. Tietz Chemnitz sah eine für die damalige Zeit sehr moderne Eisenbetonskelettkonstruktion mit vier Vollgeschossen über dem Keller vor. Für den Bauplatz des stadtgröß-

Außenreliefgestaltungen von Joh. Knubel am Warenhaus L.Tietz Köln, 1914.

Innenreliefgestaltung von Joh. Knubel im Warenhaus L. Tietz Köln, 1914.

ten Warenhauses mussten neun ältere Wohn- und Geschäftshäuser im Quartier weichen. Der Grundrisszuschnitt ist, den damaligen Straßenfluchten folgend, schiefwinklig und hat in der Flucht der Nordfassade eine leichte Verschwenkung. Man muss dabei die beachtliche gestalterische Leistung von Wilhelm Kreis würdigen, der es verstand, die kolossale Baumasse durch eine akzentuierte Fassadengliederung weitestgehend in den Maßstab der städtebaulichen Umgebung zu bringen. Durch den vorwiegenden Einsatz typischer Gestaltungsformen des Neoklassizismus, der sich letztendlich an die Ideale der griechische Antike anlehnte, kommt dem Bau eine stolze Prächtigkeit zu, noch unterstützt durch die strukturierte Quaderung des Elbsandsteins und die von Steinmetzen filigran herausgearbeiteten Verzierungen. Man findet an den Fassaden antike Schmuckelemente des Tympanons, Mäander, Friese, Verdachungen und Frontispize. Auch Sandsteinbalustraden kamen an der Moritzstraße, die leider nicht mehr vorhanden sind, aber ebenso an der Ecke Post-/Wiesenstraße zur Anwendung. Der besonderen städtebaulichen Situation am Beckerplatz Rechnung tragend, bekrönt hier eine sitzende Frauenskulptur den massiven Pfeiler des Eckbalkon. In gleicher Höhe waren entlang der Wiesenstraße auf den Balustraden fünf Trophäenvasen aus Sandstein aufgestellt, die jedoch bei der Sanierung Anfang der 1960er Jahre verschwanden. Ähnliche Vasen wurden 1914 auch am Warenhaus L. Tietz in Köln aufgestellt.

Die sitzende Frauenplastik auf dem Balkon, in Richtung des heutigen Posthofes sehend, schuf der Düsseldorfer Bildhauer Prof. Johannes Knubel (1877-1949), der wie Kreis damals an der Düsseldorfer Kunstgewerbeschule lehrte. Er hatte bereits von Olbrich für das Warenhaus Leonhard Tietz in Düsseldorf Aufträge für die Innengestaltung erhalten. Für das Tietz-Warenhaus in Wuppertal-Elberfeld schuf er mehrere prächtige Außenfiguren und lieferte die Modelle für die Sandsteinornamente an der Hauptfassade. Weiterhin schuf er eine Figurengruppe für den dortigen Hauptlichthof. Für das Warenhaus Leonhard Tietz in Köln zeichnete er für die prunkvollen mythischen Reliefgruppen an der Außenfassade und in den Lichthöfen verantwortlich und schuf über dem Hauptportal den kunstvollen Tietzschen Löwen. Es ist mit hoher Sicherheit anzunehmen, dass von Knubel auch die heute nicht mehr vorhandenen Sandsteintrophäen über dem ehemaligen Haupteingang an der Wiesenstraße stammten.

Die zurückgesetzten Dachgeschosse über dem Teppichsaal an der Wiesenstraße sind als Referenz von Wilhelm Kreis an den Maßstab der historisch gewachsenen Umgebungsbebauung zu bewerten, ebenso wie die Giebelhauselemente an den Gebäudeecken. Die stark senkrecht linear orientierten Fenster sind über die ersten zwei Obergeschosse zusammengefasst und in der Regel als Vierergruppe in jedem Joch geordnet. Auch dies unterstreicht die für das Gebäude prägende vertikale Gliederung. Im zurückgesetzten Dachgeschoss verwendete Kreis das Motiv flacher Segmentbogenfenster.

In der Erdgeschosszone waren zwischen den Außenpfeilern der Fassaden die 27 Schaufenster eingeordnet. Diese riesigen, 3,50 m hohen Glasflächen waren nicht unterteilt, besaßen lediglich ca. 40 cm hohe gegliederte Oberlichtbänder. Nur diese dienten der Belichtung der Verkaufsräume, denn die großen Schaufenster waren durch Trennwände vom Innenraum nahezu völlig isoliert. Die Hauptfassade und der Haupteingang waren zur Wiesenstraße orientiert, wobei der Hauptzugang mit acht Türen direkt in die Achsen des großen Lichthofes dem zentralen Element des Innenraums führte. Im großen Lichthof, flankiert von den zwei kleinen Lichthöfen, an dessen Ende damals eine repräsentative Freitreppe ins erste Obergeschoss führte, kreuzten oder trafen sich letztendlich die Kundenwege. Beidseitig dieser Freitreppe lagen die Haupttreppenhäuser und jeweils zwei Aufzüge. Es war beabsichtigt, die Kunden an möglichst vielen Warenauslagen vorbeizuführen, bevor diese in die Obergeschosse gelangten. Der große Lichthof war über dem dritten Obergeschoss durch eine reich gestaltete, leicht tonnenartig gewölbte Buntglasdecke überspannt. Diese wurde baulich durch ein knapp überstehendes, umlaufendes Friesband gefasst. Zwei große Leuchter waren in den Lichthof hinein gehängt. Die Innenausstattung, wie Bodenbeläge, Decken- und Wandbekleidungen, Verglasungen, Spiegelflächen, Beleuchtungskörper, Mobiliar, etc., war dem Zeitgeschmack und der öffentlichen Bedeutung des Warenhauses entsprechend, sehr repräsentativ gestaltet. Leider sind bei den Luftangriffen 1945 sämtliche Innenraumausstattungen des Tietz vernichtet worden. So beschränkt sich der Denkmalschutz heute im Inneren nur noch auf die Grundrissgeometrie der Lichthöfe sowie der Treppenhäuser.

Nach Entwürfen des Chemnitzer Architekten Erich Basarke wurde 1926-1927 der noch heute original erhaltene Erweiterungsbau an der Wiesenstraße angefügt. Der eigenständig gestaltete Anbau in schlichten Nachklängen des Art deco adaptierte zwar die Vertikalität der neoklassizistischen Warenhausarchitektur, verzich-

Beckerplatz ohne Warenhaus H. & C. Tietz, um 1910.

Beckerplatz mit Warenhaus H. & C. Tietz, um 1920.

tete aber bewusst auf die Sandsteinfassade und die dort vorhandenen Geschosshöhen. Es war eher Basarkes Anliegen, mit diesem Bau zu den angrenzenden Wohn- und Geschäftshäusern zu vermitteln. Dieser Erweiterungsbau ist ebenso erhaltenswert und steht unter Denkmalschutz.

Die 1963 abgeschlossene Generalsanierung und Eröffnung als HO Warenhaus gab in den Folgejahren bis 2001 dem Gebäude seine Gestalt. Als ein gravierender Eingriff muss die Deckelung der Lichthöfe vermerkt werden. Aber auch die Eingangsbereiche wurden verändert und die Fassade im Erdgeschoss förmlich horizontal abgeschnitten, mit einem Kragdach und einer neu gestalteten Schaufensterfront versehen. In den zwei kleinen Lichthöfen wurden in dieser Zeit auch die markanten Rolltreppen installiert. Eine freitragende Treppe führte nun im Innenraum zusätzlich vom Erdgeschoss zum ersten Obergeschoss. Diese wurde für Dekorationen, später aber auch für Modenschauen genutzt. Es war damit das größte und modernste Warenhaus in der DDR. Erst durch die Neubauten der Warenhäuser der 1970er Jahre in Berlin, Leipzig und Dresden wurde diese Größe wieder erreicht und teilweise überboten.

Im Zeitraum von 1991 bis 2001 nutzte die Kaufhof AG das Warenhaus Tietz.

Skulptur von Johannes Knubel, 1913.

1992 bis 1993 plante eine Chemnitzer Investorengruppe ein Handelshaus auf dem Parkplatz an der Zschopauer Straße zu errichten. Dem historischen Gebäude sollte also ein Neubau vorgesetzt werden. Dafür wurde ein vorzeitiger Bebauungsplan erarbeitet. Die Entwürfe kamen aber nicht zur Ausführung – aus heutiger Sicht ein Glück für die nun weithin sichtbare Hauptfassade des Baudenkmals Tietz. In den Folgejahren entwickelte die Kaufhof-Holding selbst Pläne zur Modernisierung sowie für Umbau- und Erweiterungsvarianten. Grundlage bildete anfangs ein städtebauliches Konzept von Terreno mit den Düsseldorfer Architekten Parade + Partner für eine forumartige Neubebauung der Reitbahnstraße / Moritzhof aus dem Jahre 1991. Nachdem aber später der Moritzhof mit Sparkasse einen begradigten Abschluss an der Reitbahnstraße erhielt, legte 1995 auch die Kaufhof plus Grundstücks GmbH neue Entwürfe des Bonner Architekten Eugen Schattevoy für einen Erweiterungsbau in Richtung Reitbahnstraße vor.

Doch kurze Zeit darauf entschied sich die Kaufhof AG für einen spektakulären Neubau, welcher die Sortimente der beiden lokal getrennten alten Warenhäuser Tietz und Schocken zentralisieren sollte. Ein neuer Typus des „gläsernen Warenhauses" wurde durch den deutsch-amerikanischen Stararchitekten Helmut Jahn entworfen. Im Jahre 2001 erfolgten der Umzug und die Weihe des neuen Hauses „Galeria Kaufhof" am Chemnitzer Neumarkt, erbaut nach Plänen von Jahn & Murphy.

Fassadenentwurf von W. Kreis mit Sandsteinbalustrade- und Trophäenvasen, noch ohne Skulptur auf dem Balkon, 1912.

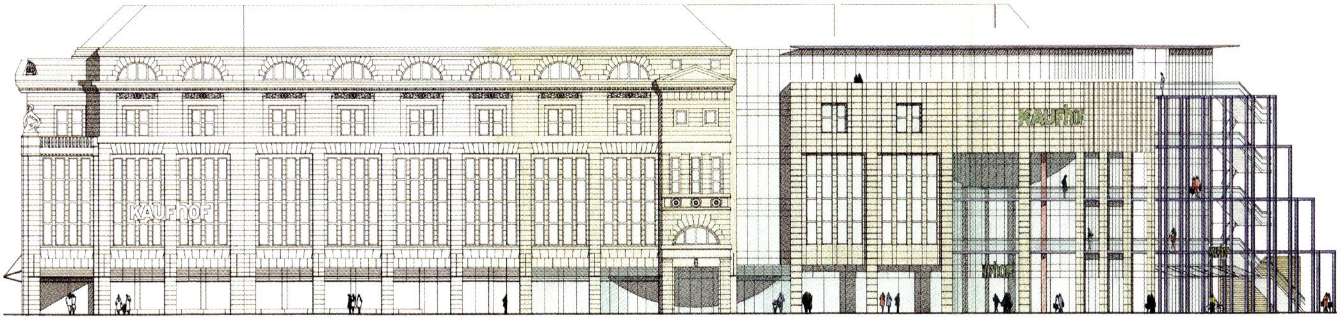

Entwurf des Architekten Eugen Schattevoy für einen Kaufhof-Erweiterungsbau, Ansicht Bahnhofstraße, um 1995.

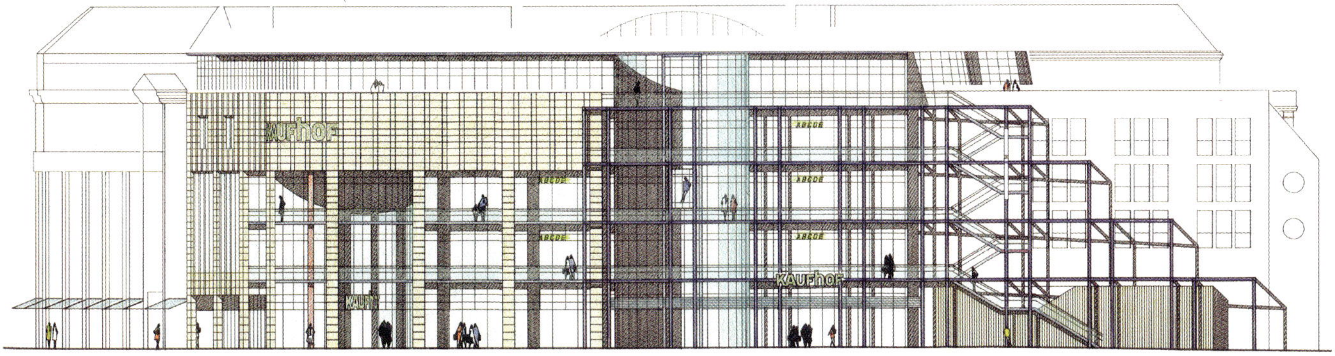

Entwurf des Architekten Eugen Schattevoy für einen Kaufhof-Erweiterungsbau, Ansicht Reitbahnstraße, um 1995.

Die kleinen Lichthöfe mit den in der Sanierung von 1958 bis 1963 eingebauten Fahrtreppen (Foto 1963) wurden während der Sanierung von 2001 bis 2004 bis zum zweiten Obergeschoss wieder freigelegt.

Denkmalpflegerischer Rückbau und Sanierung

Mit der Konzeption für die Nachnutzung stellten sich die Fragen für den denkmalpflegerischen Rückbau und die Sanierung. Im Januar 2002 wurde eine erste denkmalschutzrechtliche Genehmigung für die Entkernungs- und Freilegungsarbeiten erteilt, im März 2003 folgte die denkmalpflegerische Ausarbeitung zur Baugenehmigung.

Die ursprüngliche Deckung der Dachschrägen des Hauptdaches sowie des tonnenartigen Daches über dem Teppichsaal war in Kupferblech ausgeführt. Hier musste die Denkmalpflege das originale Material wieder einfordern. Nur dieses widerspiegelt die wahre Gestaltungsabsicht sowie Farb- und Materialwirkung von Prof. Kreis, gerade auch im Zusammenspiel mit der Sandsteinfassade. Seitens Bauherrn und Planern bestand anfangs die Absicht, etwas preiswerteres Zinkblech für das Hauptdach einzusetzen, auch um den Gestaltungsgedanken der neuen City-Bebauung aufzunehmen. Ebenso sollte ein Glasdach über dem ehemaligen Teppichsaal errichtet werden. Dieses hätte aber neben zu hohen Kosten in der Fertigung auch zu Problemen im neu konzipierten Vortragssaal der Volkshochschule geführt. Aufwändige Verschattungs- und Klimatisierungsanlagen wären zu ergänzen gewesen. Der große und die zwei kleinen Lichthöfe erhielten wieder vollständig verglaste Dachoberlichter, um den Einfall und die Wirkung des Tageslichtes zu nutzen.

Das wichtigste Arbeitsfeld der Denkmalpflege war die Restaurierung der drei originalen Sandsteinfassaden. Dabei musste auch das unglücklich die Vertikalgliederung der Fassaden störende Kragdach über dem Erdgeschoss zurückgebaut werden. Die rohen Stahlbetonstützen im Erdgeschoss wie auch andere Fehlstellen im alten „Sandsteingewand" der Fassade wurden mit neuem Elbsandstein in angepasster Oberflächenbearbeitung ergänzt. Durch die größere Materialhelligkeit sind diese Partien unschwer zu erkennen, was durchaus im Sinne restauratorischer Prinzipen ist. Eine behutsame Steinreinigung und teilweise Neuverfugung waren allumfassend erforderlich. Durch eine Ausschreibung wurde für die Steinrestaurierung die versierte Leipziger Firma F. X. Rauch ermittelt und beauftragt. Die denkmalpflegerische Betreuung erfolgte durch Dr. Michael Streetz vom Sächsischen Landesamt für Denkmalpflege Dresden und den Leiter der Denkmalschutzbehörde Chemnitz, Dipl.-Ing. Thomas Morgenstern. Die Farbvorgaben für die Fenster und den kompletten „Basarke-Bau" ergaben sich aus den Ergebnissen der Voruntersuchungen des Restaurators der Denkmalschutzbehörde Chemnitz, Dipl.-Designer Klaus Hardert.

Für die sehr hohen und schmalen Fensterelemente mit filigraner Sprossenteilung wurde in Abstimmung mit den Denkmalbehörden eine Leichtmetallkonstruktion, farbig beschichtet,

Sanierte Fassade Wiesenstraße mit Kupferdach, 2004.

Detail der Fassade Wiesenstraße, 2004.

Details der Fassade Bahnhofstraße, 2004.

festgelegt. Die grüne Farbgebung ist historisch belegt, wenn auch der heutige Farbton eine Nuance von der originalen Farbigkeit abweicht. Dies ist der Bezugsbasis auf die RAL-Angebotsfarbtöne und der damit verbundenen schnelleren Lieferzeit geschuldet.

Für die Erdgeschosszone sind im neuen Konzept vielfältige Einzelhandelsgeschäfte vorgesehen. Diese Nutzung bedingt, in Abweichung von den einst großformatigen Ganzglasscheiben, den Einbau von Ladentüren und Zugangsbereichen. So wurden gemeinsam eine vertikal dreigeteilte Verglasung und mittig angeordnete Türelemente festgelegt. Die Sichtwerbung für die unterschiedlichen Geschäfte soll konsequent im Oberlichtbereich stattfinden und nicht auf den Sandsteinfassaden. Zusammenfassend kann sowohl dem Bauherrn, Projektierungs- und Entwicklungsgesellschaft Tietz GmbH, dem Planungs- und Baubetreuungsbüro, C & E Consulting und Engineering GmbH, sowie allen am Bau beteiligten Unternehmen eine denkmalpflegerisch gelungene Leistung bescheinigt werden. Das Ergebnis ist für alle sichtbar.

Thomas Morgenstern

Sanierung – Idee und Konzept

Mit der Eröffnung des „gläsernen Kaufhofes" im Jahr 2001 schlug gleichzeitig „die letzte Stunde" des Tietz als klassisches Warenhaus. Eine historisch wertvolle Bausubstanz in innerstädtischer Lage wurde frei für neue Ideen. Das, was für viele Gebäude das langsame „Aus" bedeutet, weil es dem Eigentümer schnell zur Last wird, kann – wie das Beispiel Tietz eindrucksvoll zeigt – auch zur „Lust" werden. Voraussetzung dafür ist, dass man kreativ über mögliche und sinnvolle Nachnutzungen nachdenkt. Private Investoren und kommunale Entscheider müssen dabei ohne gegenseitiges Misstrauen gemeinsam ihrer Verantwortung zur Entwicklung einer attraktiven und wettbewerbsfähigen Stadt nachkommen. Im konkreten Fall gab es schon längere Zeit dringenden Handlungsbedarf für eine neue Einordnung der Stadtbibliothek und Volkshochschule in einen angemessenen baulichen Rahmen. Da die Kunstsammlungen Chemnitz im König-Albert-Museum auf Grund der erfolgreichen Arbeit ihrer Leiterin, Ingrid Mössinger, mit spektakulären Ausstellungsevents an ihre räumlichen Grenzen stieß und das ebenfalls dort ansässige Naturkundemuseum eigene, seinem Ausstellungskonzept entsprechende Räumlichkeiten benötigte, war auch hier neuer Bedarf entstanden. Erste Einzelbausteine setzte die Sachsenbau- und Projektierungsgesellschaft mbH & Co. KG Ende der 1990er Jahre im Rahmen ihres Engagements zur Entwicklung der neuen Chemnitzer Innenstadt zu einem ersten Ideenpuzzle zusammen. Besondere Impulse erhielt das Projekt durch den damaligen Baubürgermeister Ralf-Joachim Fischer und nicht zuletzt durch Oberbürgermeister Dr. Peter Seifert. Aus Verantwortung gegenüber der städtischen Wohnungsbaugesellschaft, der Grundstücks- und Gebäudewirtschafts-Gesellschaft m.b.H., als spätere Eigentümerin der beiden Kaufhof-Immobilien, wurde von der Stadtverwaltung Chemnitz ein Konzept vorgeschlagen, welches letztendlich den Chemnitzer Stadtrat und auch den Geschäftsführer der Grundstücks- und Gebäudewirtschafts-Gesellschaft m.b.H., Peter Naujokat, in die Lage versetzten, eine mutige Entscheidung zur Zukunft des Tietz zu treffen. Der Grundsatzbeschluss des Chemnitzer Stadtrates von 2000 sah vor, die Volkshochschule, die Stadtbibliothek und das Naturkundemuseum per Mietvertrag im „Tietz" unterzubringen. Etwas zeitversetzt entschloss sich der Verein „Neue Chemnitzer Kunsthütte e.V." mit der Neuen Sächsischen Galerie zum Umzug in das Tietz. Der gedankliche Grundstein war mit diesen vier zukünftigen Hauptmietern gelegt. Parallel zu den kommerziellen Überlegungen begann man mit ersten Funktionszuordnungen innerhalb des Gebäudes. Beide Gedankenwege führten relativ schnell zu dem Schluss, dass nur die Mischung aus Bildung, Kultur, Kunst und Kommerz Erfolg versprechend sein kann, wobei das Erdgeschoss des Tietz als kommerzielle Angebotszone und gleichfalls Informationszone für die städtischen Nutzer einen wichtigen Part spielen würde. Eine weitere Herausforderung stellte das städtebauliche Umfeld des Tietz dar. Die Bahnhofstraße als zu überwindendes Hindernis musste als Problemfeld gelöst werden. Hier fand man eine einfache wie geniale Lösung, indem man den Erdgeschossbereich an der Bahnhofstraße in die Neuordnung der so genannten „Zentralhaltestelle" einbezog. Mit der schnellen Anbindung an den Nahverkehr und guten Parkmöglichkeiten

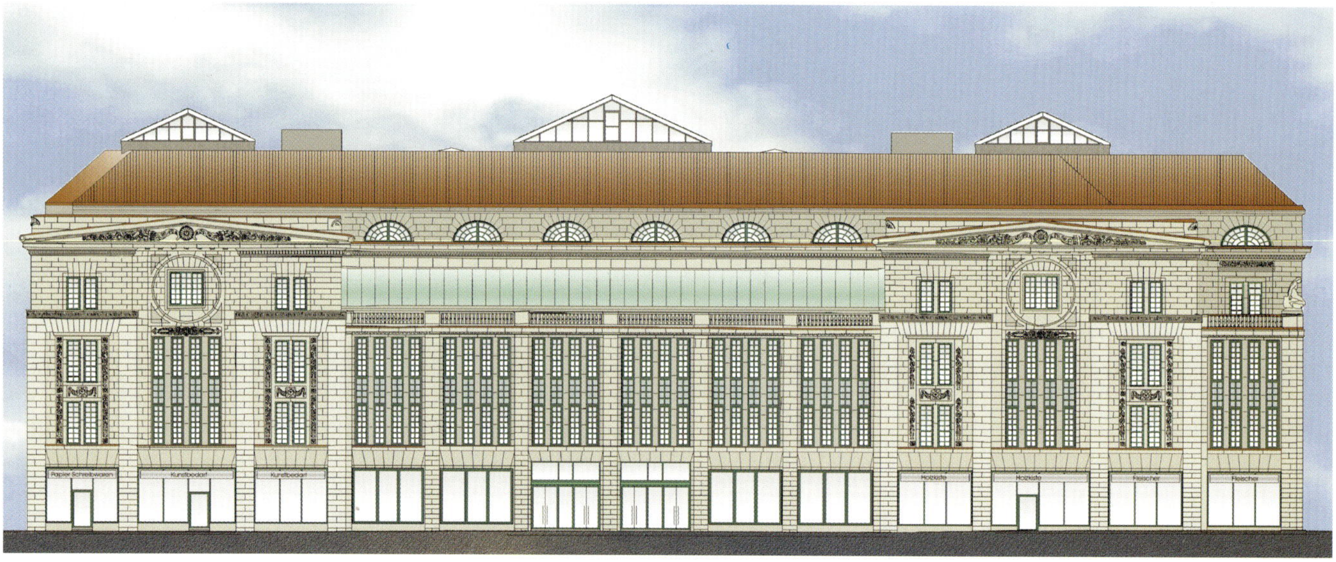

Projektsimulation von C & E Consulting und Engineering GmbH, Ansicht Wiesenstraße.

Projektsimulation von C & E Consulting und Engineering GmbH, Ansicht Moritzstraße.

direkt vor dem Tietz an der Wiesenstraße wurden ideale Voraussetzungen geschaffen, dass das Haus für jeden gut erreichbar ist. Die Fassade und der neu entstehende Vorplatz an der Reitbahnstraße, einst der unsichtbare Hinterhof des Warenhauses, waren weitere Problemfelder. Hier wurde die Chance zur städtebaulichen Entwicklung des Gesamtensembles wahrgenommen. Von ersten Überlegungen, die Gesamtfassade an der Reitbahnstraße komplett hinter einer vorgesetzten Glaswand zu „verstecken" oder gar das Ganze als geschlossenes Quartier neu zu bebauen, trennte man sich auf Grund finanzieller Vorgaben und ohnehin fehlender Nachnutzungsmöglichkeiten sehr rasch. Klar war jedoch, dass mit der Neugestaltung die Möglichkeit einer Quartierschließung nicht verbaut werden sollte. Schnell bestand auch Konsens darüber, die wertvollen Fassaden entlang der Bahnhofstraße, der Wiesenstraße und der Moritzstraße, inklusive Basarke-Haus, wieder nach historischem Vorbild zu präsentieren.
Den Abschluss der Ideenphase und gleichzeitig den Übergang zur spannenden Konzept- und Umsetzungsphase bildete die Auswahl geeigneter Planungspartner. Dabei wurden die bis dahin geleisteten Arbeiten anderer Architekturbüros berücksichtigt. Unter der Leitung des Chefarchitekten Tino Fritzsche wurden durch das Gesamtplanungsteam der C & E Consulting und Engineering GmbH die bisherigen Entwürfe bearbeitet. Für die Architekten, Bauingenieure und Gebäudetechniker der C & E begann mit Auftragserteilung durch den Bauherrn, der Projektierungs- und Verwaltungsgesellschaft Tietz Chemnitz mbH als hundertprozentige Tochtergesellschaft der GGG, ein äußerst anspruchsvolles Projekt.
Vor der eigentlichen Projektarbeit, mit konstruktiven Festlegungen, Innenraumgestaltungen und Konzepten der technischen Gebäudeausrüstung, standen jedoch noch intensive konzeptionelle Überlegungen. Nach „klassischer" Variante wäre eine über Etagen definierte, in sich abgeschlossene Funktionsstapelung der einzelnen städtischen Nutzer denkbar gewesen. Jede Einrichtung hätte damit ihr Haus im Haus wiedergefunden. In den vom Baubürgermeister Ralf-Joachim Fischer organisierten äußerst kreativen Tietz-Workshops wurden von den Architekten gemeinsam mit Bauherrn und städtischen Nutzern immer neue Konzepte entwickelt, diskutiert, verworfen und neu kreiert, bis man sich auf entscheidende Gesamtplanungsschwerpunkte wie Transparenz, Offenheit, Helligkeit und ständige Kommunikationsmöglichkeiten geeinigt hatte. Tragende Gestaltungssäulen und gleichzeitig zusammenfassende Identitätsmotive des Tietz sollten dabei die wieder bis zur Decke über dem ersten Obergeschoss geöffneten kleinen Innenlichthöfe an der Bahnhofstraßen- und Moritzstraßenseite, eine neue gebäudehohe Glasfassade an der Reitbahnstraße zwischen den vorhandenen Haupttreppenhäusern sowie der wieder bis zu einem neuen Glasdach geöffnete zentrale Lichthof im Schnittpunkt aller Hauptzugänge des Erdgeschosses sein.
Besonderes „Highlight" und zugleich identitätsstiftendes Markenzeichen für das neue Tietz war die Einordnung des 290 Millionen Jahre alten „Versteinerten Waldes" im großen Lichthof. Das spektakulärste Ausstellungsstück des Naturkundemuseums ist gleichzeitig Skulptur zur gestalterischen Gliederung des zentralen Lichthofes mit vielfältigen optischen Reizen im Gebäudeinneren. Durch die Transparenz der neuen Glasfassade zur Reitbahnstraße erfolgt auch ein Achtungszeichen in der Außenwirkung des Gebäudes, insbesondere durch die schon frühzeitig angedachte Lichtkonzeption.
Entscheidenden Einfluss auf die Konzeptüberlegungen hatte der Umstand, dass auf Grund deutschlandweit fehlender vergleichbarer multifunktionaler Gebäudeumnutzungen Peter Naujokat, Geschäftsführer der GGG, den Entschluss fasste, zum Umnutzungskonzept die Beratungsleistungen des Gottlieb Duttweiler Institutes aus Zürich, in Persona von Dr. David Bosshardt, einem weltweit angesehenen Fachmann auf dem Gebiet von multifunktionalen Gewerbeimmobilien, in Anspruch zu nehmen.

Eingangsfront Reitbahnstraße, 2004.

Großer Lichthof fünfte Etage, 2004.

Nach eingehender Beschäftigung mit dem Gebäude, dessen Umfeld und der geplanten Nutzung wurden gemeinsam mit allen Projektbeteiligten internationale Standards auf Umsetzungsmöglichkeiten geprüft und neue Ideen entwickelt. Ein Anliegen war, das Tietz als ein Haus mit Geschichte und unverwechselbarem Charme als eine vorhandene Stärke für das Selbstbewusstsein der neuen Mieteinrichtungen zu nutzen. Die durchgängige Stütze-Riegel-Konstruktion der inneren Gebäudestruktur forderte dabei geradezu, die neuen räumlichen Vorhaben mit Einfachheit und Kompromisslosigkeit umzusetzen. „Schnörkel" im Innenraum oder effekthaschende Farbigkeit der Grundkonstruktion wären kontraproduktiv und wurden vermieden. Für den Besucher sollte ein klares Grundkonzept mit dem Moment der Überraschung entstehen. Für die neuen Mieter war es wichtig Kultur, Kunst und Bildung so untereinander zu verbinden, dass ein komfortables, unkompliziertes Lernen ohne den Eindruck einer „Bildungsmaschine", mit der Lust auf „Weiter-Bildung", möglich wird. Die Schaffung dauerhafter Erinnerungen an die angenehme Atmosphäre, kombiniert mit wechselnden Angeboten, soll Wiederholungseffekte in Form häufiger Besuche im Haus erzeugen. Der Eventbereich im dritten Stockwerk ist dazu als architektonisches Angebot gedacht.

Die Grundkonzeption der Volkshochschule und der Bibliothek als Bereiche der „gehobenen Ruhe" in den obersten Etagen sowie der fließende Übergang im dritten Obergeschoss mit Gastronomie- und Veranstaltungsangebot zu den mittleren Etagen mit „attraktivem Ausstellungslärm" in der Museumsebene ermöglichen ein Konzept aus einem Guss.

Als wichtig, weil für das Gebäudeimage prägend, wurde das Erdgeschoss ins Blickfeld gerückt. Die Kombination als Passage mit vielfältigem Einzelhandelsangebot und Marktplatzcharakter im zentralen Innenhof um den „Steinernen Wald" als Attraktion und Treffpunkt hat die besten Voraussetzungen für ein erfolgreiches Hauskonzept geschaffen.

Sanierung – Herausforderung für Architekten und Baufirmen

Die konstruktiven und gebäudespezifischen Herausforderungen während der Planungs- und Bauphase dokumentieren die Einzigartigkeit dieses Projektes. Bereits in der frühen Phase der Entwurfs- und Genehmigungsplanung wurden insbesondere die Statiker und Konstrukteure der C & E gefordert. Verschiedene Bau- und Umbauphasen hatten das Tietz geprägt. Dabei muss erwähnt werden, dass Bestandsunterlagen zur Gebäudekonstruktion aus der Entstehungszeit kaum noch erhalten waren. Lediglich aus der Umbauphase von 1958 bis 1963 konnten Unterlagen für die damals sanierten Bereiche und auch nur für die eingebrachten Neukonstruktionen zu Grunde gelegt werden. Allein der Umstand, dass die gesamte Stützen-Riegel-Konstruktion mit einer Bewehrungsmethode aus so genannten Kahneisen ausgeführt wurde, welche in Deutschland nach 1916 nicht mehr üblich war, brachte Grundsatzüberlegungen zum Umgang mit dem vorhandenen Bauwerk. Die klassischen Methoden zur Bestandsuntersuchung für den Nachweis der Gebäudestandsicherheit konnte man ausschließen, da großflächige Zerstörungen durch Probebohrungen und Materialentnahmen nicht sinnvoll gewesen wären. Aus diesem Grund und aus der Überlegung einer kostengünstigen Gebäudesanierung wurden zunächst zerstörungsfreie, hydraulische Versuche in Zusammenarbeit mit Prof. Dr.-Ing. habil. Heinz Opitz von der TU Dresden durchgeführt. Diese Methode, kombiniert mit entsprechenden Plausibilitätsrechnungen der C & E-Statiker, ermöglichte den weitgehenden Erhalt der vorhandenen Konstruktion und den gezielten Einsatz von Sanierungsmaßnahmen.

Das offene, transparente Konzept des Tietz stellte die Ingenieure vor die Herausforderung, mit geeigneten Stabilisierungsmaßnahmen in den genau definierten Gebäudebereichen zu arbeiten und gleichzeitig so wenig wie möglich neue konstruktive Lasten in das Bauwerk einzubringen. So wurde zum Beispiel eine „Aufweichung" der Gebäudekonstruktion durch den Abriss der Außenwand zwischen den vorhandenen Treppenhäusern an der Reitbahnstraße, durch die Nutzung neuer Fahrstuhlschächte als Stabilitätskerne aufgefangen. Neue Versorgungsschächte für die Haustechnik konstruierte man als selbsttragende Konstruktionen, u. a. im Gebäudeteil an der Wiesenstraße.

Im Ergebnis der Untersuchungen der Gebäudekonstruktion gelangte man für eine neue effektive Nutzung des Hauses zu der Entscheidung, einige Gebäudeteile zu entfernen. Spektakuläre „Abrissaktionen" fanden im Bereich der kleinen Lichthöfe, der Gebäudeaußenwand zur Reitbahnstraße und im Bereich des ehemaligen Treppenhauses am Giebel der Bahnhofstraße statt. Im letztgenannten Teil entfernte man im Innenbereich die Stahlbetonkonstruktion. Dabei war die ingenieurtechnische Sicherung der vorgehangenen Sandsteinfassade auf der Bahnhofstraße bzw. die Stabilisierung der Giebelwand in Richtung Reitbahnstraße

Giebelfront mit Sandsteinornamenten, Wiesenstraße, 2004.

eine Herausforderung für die Architekten und ausführenden Bauunternehmen. Eine weitere spektakuläre Baustellenbegebenheit war das Einsetzen des Hauptkranes in die Öffnung des kleinen Lichthofes an der Bahnhofstraße.

Nachdem in der kurzen Zeit von Anfang 2001 bis Ende 2002 bis zu Beginn der ersten Bauarbeiten bis zu 30 Ingenieure gleichzeitig an der Planung dieses Projektes tätig waren, wurden im Laufe der Bautätigkeit ca. 35 Firmen im Rahmen der europaweiten Ausschreibung beauftragt. Mit den entsprechenden Nachunternehmern waren zeitgleich bis zu 80 Firmen auf der Baustelle im Einsatz. Dies verlangte auch den beteiligten Vertretern des Bauherrn, dem Projektsteuerbüro Fleischmann und Kasperek und den Bauüberwachern der C & E, unter der Leitung von Thomas Bartel, höchste Konzentration und Engagement ab. Insbesondere im Bereich der technischen Gebäudeausrüstung wurden an den brandschutztechnischen Ausstattungsgrad mit einer Sprinkleranlage für das gesamte Gebäude, einem komplizierten Be- und Entlüftungssystem und einem eigenen Entrauchungssystem extrem hohe Anforderungen gestellt. Selbst erfahrene Gebäudetechniker konnten bestimmte Detail- und Kreuzungspunkte der technischen Anlagen nur in enger Zusammenarbeit mit den Ausführungsfirmen und direkt vor Ort abstimmen. Das für Besucher wichtige und die Gesamtkonzeption des Hauses prägende Lichtkonzept im Inneren des Gebäudes sowie die auf Initiative und in Zusammenarbeit mit den Stadtwerken Chemnitz AG entstandene Außenanstrahlung des Tietz runden die Leistungen der technischen Gebäudeausrüstung ab. Auf insgesamt ca. 26 000 qm Geschossfläche ist ein Projekt entstanden, welches den beteiligten Baufirmen und Architekten ein hohes handwerkliches Können abforderte, aber damit den neuen Mietern und Besuchern ein einzigartiges Haus wieder zur Verfügung stellt.

Ein „Rundgang" durch das Tietz liefert einen Eindruck über die Umsetzung dieser Ideen. Prägend für den Innenraum und das Gesamtkonzept des Hauses ist der große zentrale Lichthof mit der „Skulptur" des Steinernen Waldes. Dieser steht nach einem eigens für diesen Standort entworfenen Aufstellplan unter dem in 25 Meter Höhe befindlichen Glasdach. Die Architekten haben dabei bewusst auf die 1913 wie 1963 einst vorhandene Zwischendecke des Lichthofes über dem dritten Obergeschoss verzichtet, um diesem einzigartigen Ausstellungsstück den entsprechenden „Auftritt" zu ermöglichen. Der zentrale Informationspunkt befindet sich im großen Lichthof, welcher im „Schnittpunkt" der Hauptzugänge aus Richtung Wiesenstraße und neuer Fassade Reitbahnstraße sowie dem Eingang von der Bahnhofstraße liegt. Gegenüber dem Infotresen bildet ein Cafe-Bistro die gastronomische Ergänzung zum „Versteinerten Wald". Von diesem Cafe aus wird der Vorplatz an der Reitbahnstraße in die gastronomische Betreuung eingeschlossen. Dieser Platz, gestaltet vom Landschaftsarchitekten Marek Schreckenberg, übernimmt die einbindende Funktion im Rahmen des städtebaulichen Gesamtzusammenhanges. Hier prägen Wechselausstellungen der Neuen Sächsischen Galerie, die künstlerisch gestalteten Giebel an der Bahnhofstraße und der Glasfassade mit dem vorgestellten Glasaufzug zwischen den vorhandenen Haupttreppenhäusern das neue Antlitz des Tietz. Zurück im Inneren, kann man entlang der historischen Erdgeschoss-

Fensterfront Moritzstraße, 2004.

fassaden, mit einer neu gestalteten Erdgeschoss-Schaufensterzone mit den dem historischen Vorbild entnommenen Fensterfarben in der Tietz-Passage bummeln und einkaufen. Wenn man direkt in die Obergeschosse möchte, sind diese bequem über einen der Lifte direkt an den Haupttreppenhäusern zu erreichen. In jedem Geschoss ist ein Gehen um den zentralen Lichthof möglich und erwünscht, damit der Besucher die optische Transparenz in den Einzelgeschossen untereinander erfahren kann. Im ersten Obergeschoss befindet sich die Museumsebene mit Naturkundemuseum und Neuer Sächsischer Galerie. Sie wird dabei von großzügigen Räumen ohne besondere Innenraumelemente geprägt, um den Ausstellungsstücken einen möglichst neutralen Rahmen zu geben. Eine Besonderheit und Attraktion der Galerie ist das „Schaudepot" im Kellerbereich. Weiterhin sind im Untergeschoss die Archiv- und Lagerräume sowie die umfangreichen Technikräume für die komplizierte und anspruchsvolle Gebäudeausrüstung untergebracht.

Das Naturkundemuseum erhält seine Präsentationsbereiche rund um den zentralen Lichthof. Diese wurden von dem jungen, kreativen Leipziger Designerteam „Kocmoc net" gestaltet.

Im zweiten und dritten Obergeschoss befinden sich die Räume der Stadtbibliothek. Besondere Aufmerksamkeit verdient hier der Veranstaltungsbereich, welcher im ehemaligen „Orient-Teppichsaal" entstanden ist. Von außen ist er durch das markante, kupfergedeckte Halbtonnendach erkennbar. Dieser Veranstaltungsraum mit ca. 120 Plätzen ist sowohl über das zweite Obergeschoss als auch über eine Galerielösung mit einer großzügigen Wendeltreppe über das dritte Obergeschoss erreichbar.

Eine weitere gastronomische Betreuung erhalten die Besucher der Stadtbibliothek in der dritten Etage. Diese wird ebenfalls für Buchlesungen, Klavierabende oder andere Veranstaltungen genutzt. Das Herzstück in dieser, von den Architekten „zweites Erdgeschoss" genannten Ebene ist die zentrale Annahme und Ausgabestelle der Stadtbibliothek. Ebenfalls im Bereich der Bibliothek sind die beiden kleinen Lichthöfe des ehemaligen Warenhauses wieder geöffnet. Mit ihrem natürlichen Licht erzeugen sie eine fast schon intime Atmosphäre und sorgen hier für das entsprechende Ambiente.

Das vierte und fünfte Obergeschoss gehört allein der Volkshochschule. Die Seminarbereiche sind zum Großteil an den Lichthöfen angeordnet, um diese einerseits mit natürlichem Licht auszustatten und andererseits keine abgeschlossenen „Bildungskapseln" zu schaffen. Viel Glas und angewinkelte Trennwände erzeugen einen aufgelockerten und transparenten Raumeindruck.

Tino Fritzsche

Parkplatz Wiesenstraße, 2004.

Bahnhofstraße Ecke Wiesenstraße, 2004.

Versteinerter Wald im Lichthof des Tietz, 2004.

Museum für Naturkunde

Sammeln, Bewahren, Erforschen und Präsentieren

Die Vorgeschichte des Museums beginnt in der zweiten Hälfte des 19. Jahrhunderts. Chemnitz war eine aufstrebende Industriestadt. 1859 lebten hier 40 500 Menschen, 50 Jahre später waren es dann fast 300 000. Im Gegensatz zur wirtschaftlichen Bedeutung waren Wissenschaft und Kultur im öffentlichen Leben kaum vertreten. Es gab hier keine altehrwürdige Universität, keine fürstlichen Sammlungen und Museen und keine wissenschaftlichen Bibliotheken. In dieser Situation gründeten 16 Bürger der Stadt am 17. Oktober 1859 die Naturwissenschaftliche Gesellschaft – zunächst als einen Lesezirkel für Fachzeitschriften. Ab 1860 traf man sich monatlich zu Vorträgen, die von den Mitgliedern selbst gehalten wurden. Die Bildungsbürger, vorwiegend Lehrer, Ärzte und Chemiker sowie einige Kaufleute und Unternehmer, blieben in überschaubarer Zahl. Industriearbeiter, also die Mehrzahl der Einwohner, sucht man in den Mitgliederlisten vergebens. Trotz dieser Einschränkungen hat die Naturwissenschaftliche Gesellschaft in Chemnitz für die Stadt Hervorragendes geleistet, denn Chemnitz verdankt der Gesellschaft sein erstes städtisches Museum. Die wissenschaftlichen Leistungen der Gesellschaft sind vor allem in den 25 Bänden der „Berichte" nachgewiesen. Man erkennt dort in den Original-Artikeln, Autorreferaten und Vortragstiteln, wie zahlreich, vielseitig und anspruchsvoll diese Beiträge waren. Inhaltlich beschränkten sie sich keineswegs nur auf regionale oder lokale Themen. Es gab Berichte über große Entdeckungen und Informationen über kühne technische Vorhaben; Grundbegriffe und Grenzgebiete der Wissenschaften wurden erläutert sowie international bedeutende Originalarbeiten vorgetragen. Die wissenschaftlichen Beiträge der Gesellschaft waren eine Quelle für den Literaturtausch, auf dessen Grundlage sich die paläobotanische Literatursammlung im Museum entwickelte, die heute von Fachkollegen aus aller Welt bewundert und genutzt wird. Diese Bücher-, Zeitschriften- und Sonderdruck-Sammlung legte man in einer Zeit an, als in Chemnitz an eine naturwissenschaftliche Bibliothek nicht zu denken war. Dies trifft auch auf die naturkundlichen Sammlungen zu. Deren Anfänge 1863 waren äußerst bescheiden. Doch die Gesellschaft dachte weitsichtig und setzte bereits für diese kleinen Sammlungen ehrenamtliche Kustoden ein. Als Johann Traugott Sterzel 1867 die mineralogische Abteilung übernahm, fand er dort ganze 91 Exemplare vor. Die Gesellschaft wusste, dass sie größere Sammlungen auf Dauer nicht allein bewahren und nutzen konnte. Daher wurde bereits 1864 der Stadt angeboten, Fachbibliothek und Sammlungen zu übernehmen. Doch die Stadtväter ließen sich

Erster Bericht
der
Naturwissenschaftlichen Gesellschaft
zu
Chemnitz,
umfassend die Jahre 1859 — 64.

Chemnitz,
Verlag von Eduard Focke
1865.

Titelseite des ersten Berichtes der Naturwissenschaftlichen Gesellschaft zu Chemnitz.

Kobaltblüte aus Schlema, historische mineralogische Sammlung.

Einziger Fund des Baumfarnes Tubicaulis solenites von 1815, angeschliffener Querschnitt, Sammlung Schreckenbach.

lange bitten, hatten dafür kein Geld und keine Räume. Sie wollten beides nur unter Bedingungen als Geschenk annehmen. Erst als die Gesellschaft 1868 auch noch die weitere fachliche Betreuung zusicherte, willigte die Stadt ein. Es dauerte aber noch bis 1873, ehe halbwegs angemessene Räume für die Sammlungen gefunden wurden und bis 1875, bevor man umziehen konnte. Damals erwarb die Stadt die Sammlung des verstorbenen Magisters Schreckenbach, Pfarrer an der Jacobikirche. Das war ein großes Ereignis in der Chemnitzer Museumsgeschichte, denn über 5 000 naturwissenschaftliche Objekte, darunter als besonders kostbare Teilsammlungen die Mineralien und 480 Kieselhölzer sowie die dazugehörige Fachliteratur, kamen in städtischen Besitz. Kurz davor war bereits die Sammlung des Apothekers und Mineralwasserfabrikanten Leuckart gekauft worden. Diese wertvollen Sammlungen, die Sterzel für die Stadt entgegennahm, mussten bewahrt und wenigstens teilweise für das Publikum erschlossen werden. Die Stadt mietete hierfür Räume im Gebäude des Vereins Kunsthütte in der Annaberger Straße 25 an. Diese reichten zwar niemals aus, um alle naturwissenschaftlichen Schätze richtig aufzustellen, aber die Kustoden konnten jetzt wenigstens mit dem Inventarisieren beginnen, und sie konnten das Beste den Besuchern zeigen. Eine dauerhafte Lösung war es nicht. Die Großstadt brauchte ein eigenes Museumsgebäude in zentraler Lage, ihre naturwissenschaftlichen Sammlungen mussten in ausreichend großen Magazinen untergebracht werden. Die betreuenden Wissenschaftler brauchten eigene Arbeitsräume, Labors und Werkstätten, und das Publikum hatte endlich Anspruch auf große und schöne Ausstellungsräume. Der Oberbürgermeister, parlamentarisch gestützt, stellte 1897 den Antrag, ein „König-Albert-Museum" anlässlich des Regie-rungsjubiläum des sächsischen Königs zu errichten. Es ist dem damaligen Baustadtrat Möbius zu danken, dass ab 1904 Beschluss und Ausführung folgten. Am 1. September 1909 war es so weit und Sterzel notierte: „Ich hatte die Ehre, Seine Majestät durch die Sammlung zu führen und die nötigen Erläuterungen zu geben".

Alle fünf Chemnitzer Sammlungen, eine städtische und vier vereinseigene, hatten das Museumsgebäude bezogen. Der „Versteinerte Wald" war von der Annaberger Straße in den Garten an der Westseite des Museums umgesetzt worden. Generell hatte man den Platzbedarf der naturwissenschaftlichen Sammlungen unterschätzt und vor allem den Zuwachs durch neue Funde nicht ausreichend berücksichtigt. Ein weiteres Problem betraf Sterzel persönlich. Dieser treue Wächter der städtischen naturwissenschaftlichen Sammlungen war nun nach über 40 Jahren ehrenamtlicher bzw. nebenamtlicher Tätigkeit endlich zu ihrem Direktor ernannt worden; aus dem anstrengenden Schuldienst war er auf Antrag nach 44 Jahren 1907 ehrenvoll ausgeschieden. Die gewaltige Arbeit der Planung für das neue Museum, die Vorbereitung und Durchführung des Umzugs der Sammlungen von der Kunsthütte in den Museumsneubau, die Aufstellung der Sammlungen in den neuen Vitrinen hatte er fast allein leisten müssen. 68 Jahre alt und immer häufiger

Der erste „Versteinerte Wald" in Chemnitz vor dem Gebäude des Vereins Kunsthütte, Annaberger Straße, um 1900.

Emailleschild am Eingang des naturhistorischen Ausstellungssaales im König-Albert-Museum.

von Krankheiten geplagt, konnte er das neue Amt nur mit Mühe ausüben. Am 15. Mai 1914 starb Sterzel; sein Assistent Alfred Pelz im Januar des gleichen Jahres. Dies war ein tiefer Einschnitt, denn die wissenschaftliche Arbeit, die das Chemnitzer Museum in den Rang eines paläobotanischen Forschungsinstituts von europäischem Ruf geführt hatte, konnte nicht fortgesetzt werden. Der Nachfolger im Amt des Museumsdirektors, der Zoologe Dr. Strauß, rückte andere naturwissenschaftliche Themen in den Mittelpunkt seiner Forschungen. In den Ausstellungen bemühte man sich, das Erbe Sterzels zu pflegen. Die Fossilien von Chemnitz wurden als „Sterzeleanum" ab 1920 neu aufgestellt. In den folgenden Jahren berichtete Strauß mehrfach von „katastrophaler Raumnot", die offenbar erst Anfang der 30er Jahre durch Übernahme des Ausstellungssaales im Sockelgeschoss gemildert werden konnte.

Die Bombardierung von Chemnitz während des Zweiten Weltkriegs fügte dem Museumsgebäude schwere Schäden zu. Die Sammlungen aber waren offensichtlich rechtzeitig geschützt oder ausgelagert worden, denn Verluste im großen Umfang sind nicht nachzuweisen. Aber wieder stieg die Raumnot, denn man musste in das Sockelgeschoss die ausgebombten Theaterwerkstätten aufnehmen. Mehr als 50 Jahre sollte dieses Provisorium andauern. Das Neuordnen der geowissenschaftlichen Sammlungen und die Wiederherstellung der paläontologischen Ausstellung im „Sterzeleanum" verdankt die Stadt erneut qualifizierten Amateuren, dem Lehrer Georg Mayas und dem Apotheker Friedrich Nindel. Beide hervorragende Kenner der regionalen Geologie und mit eigenen wissenschaftlichen Publikationen hervorgetreten, lösten diese schwierige Aufgabe im Geiste Sterzels.

Blick in das „Sterzeleanum", 1947.

Es ist das bleibende Verdienst von Gerald Urban, 1971 ein modernes „Sterzeleanum" im großen Ausstellungssaal des 2. Obergeschosses geschaffen zu haben, was für 20 Jahre Bestand haben sollte. Ende 1991 wurde zum Entsetzen der internationalen Fachwelt das „Sterzeleanum" abgebaut. Der Oberlichtsaal im Westflügel des König-Albert-Museums wurde an die Kunstsammlungen gegeben. Nachdem die wertvolle Sammlung für zehn lange Jahre eingelagert worden war, erhielt eine neue Generation von Geowissenschaftlern und Museologen die Chance zur Neukonzeption der traditionsreichen Ausstellung. Im November 2001 wurde das „Sterzeleanum" der vierten Generation im Kreuzgewölbesaal des König-Albert-Museums eröffnet, kurz vor Beginn der Planungen zum Tietz.

„Sterzeleanum" der vierten Generation im Kreuzgewölbesaal des König-Albert-Museums, 2001.

Das älteste Chemnitzer Museum Selbstverständnis und Visionen

Das Museum für Naturkunde ist eines der größten naturwissenschaftlichen Museen Sachsens und ein fester Pfeiler der Chemnitzer Kultur- und Museumslandschaft. Zu seinen Aufgaben gehören das Bewahren und Sammeln von Naturobjekten, die Forschung auf dem Gebiet der Naturwissenschaften und die Präsentation seiner Sammlungen. Insofern haben sich die seit Jahrhunderten bestehenden Aufgaben des Museums nicht verändert. Was sich stetig ändert, sind die Ansprüche an ein Museum. So gilt es zunehmend, den notwendigen Konservatismus mit innovativen Vermittlungs- und Präsentationsstrategien zu verbinden, gleichzeitig seriös und attraktiv zu sein. Museen sind wie Archive nicht für den Tag angelegt. Sie bewahren wertvolle und oftmals unwiederbringliche Sachzeugen aus der Natur- und Kulturgeschichte, leiten daraus ständig neues Wissen ab und vermitteln es publikumsnah. Dies ist in Zeiten wirtschaftlicher Kennziffern eine große Herausforderung, aber angesichts steigender Anforderungen an Erkenntnis und Erhaltung natürlicher Räume eine Investition in die Zukunft ohne Alternative. Unter verstärktem Legitimationsdruck gegenüber den öffentlichen Geldgebern wird oft die Frage gestellt nach der Verhältnismäßigkeit von Aufwand und Nutzen, nach dem „Output" und der gesellschaftlichen Relevanz der Institution Museum. Dieser Output erfolgt aber nicht nur in der Gegenwart, sondern durch Bewahrung, Sammlung und Forschung insbesondere für künftige Generationen. Betriebswirtschaftliche Betrachtungen haben daher neben der gegenwärtigen Einnahmesituation zwingend die Wertschöpfung in der Zukunft einzuschließen, wollen sie seriös und aussagekräftig sein. Museumsarbeit versteht sich als Service für breiteste Kreise der Bevölkerung, macht in bestimmten Wissenschaftsbereichen qualifizierte Forschung – auch anderer Institutionen – erst möglich und verdeutlicht gleichzeitig die unverzichtbaren institutionellen Grundlagen.

Die Chemnitzer Museumskonzeption fußt auf einer reichen wissenschaftlichen Tradition und insbesondere auf dem historisch gewachsenen Alleinstellungsmerkmal des „Versteinerten Waldes". Dieses weltweit geschätzte Kulturgut begründete den internationalen Ruf des Museums. Es gehört zu den Eigenheiten des Museumsberufes, dass man es häufig mit Überliefertem zu tun hat und dennoch für die Zukunft arbeitet. Die naturhistorischen

Museumspädagogische Veranstaltung über den Wolf.

Versteinertes Holz, eingebettet im Tuffgestein.

Holotypus des Baumfarnes Dernbachia brasiliensis aus dem Perm von Tocantins/Brasilien.

Museen in aller Welt sind die Datenbanken der Evolution, „Registraturen" für die belebte und unbelebte Natur. Deren Vielfalt dadurch zu erhalten, dass man die Gesetze ihrer unumkehrbaren Geschichte erforscht und vermittelt, ist die größte und schwierigste Aufgabe der naturhistorischen Museen. Die Forschungsarbeiten des Museums liefern einen Beitrag zu mehr als 4,5 Milliarden Jahren Erd- und Lebensgeschichte. Um die Veränderungen der Vielfalt des Lebens während dieser Zeit besser verstehen zu können, muss man die fossilen Momentaufnahmen studieren. Zahlreiche einschneidende kosmische und geologische Ereignisse, gleichsam „Krisen der Evolution", vernichteten immer wieder Lebensgemeinschaften und Arten, schufen damit aber zugleich die Grundlage für die Entstehung einer neuen Lebensvielfalt. Nur wenn For-

schung die historische Perspektive berücksichtigt, können jene Prozesse und der heutige Arten- und Formenreichtum auf der Erde erklärt werden. Das Museum für Naturkunde möchte mit den kostbaren Sammlungen und seinen Forschungsaktivitäten einen kleinen Mosaikstein zu jenem umfassenden Wissen leisten, das die Voraussetzung für den Schutz der Biosphäre bildet.
Auf der Erde leben schätzungsweise zwischen 13 und 30 Millionen Tier- und Pflanzenarten, von denen bislang kaum mehr als 10 Prozent bekannt sind. Viele Arten verschwinden, bevor sie ein Wissenschaftler identifizieren konnte und bevor sie der Menschheit überhaupt bekannt wurden. Jede Art stellt ein unersetzbares Unikat dar, das es zu bewahren gilt. Zur Mission des Museums für Naturkunde gehört es, durch seine Arbeit zu dieser Zukunftsaufgabe ein kleines Stück beizutragen.

Ein Museumsbesuch soll neben Momenten innerer Ruhe auch den natürlichen Drang zu Entdeckungen fördern. Das Museum weckt Neugier, ist Ort zum Staunen, Begreifen und schließlich zur Selbsterkenntnis. Es ist nicht der Ersatz für die Natur, es sammelt und bewahrt Objekte aus der Natur, bietet strukturiertes Wissen über die Natur und hilft dadurch beim Zurechtfinden in der Natur und bei ihrer Erhaltung. Das Museum ist Begegnungsstätte, Ort des „sich-Ausprobierens" und ein die Generationen übergreifender Erlebnisort. Es reflektiert die Kultur der Besucher, befördert deren Kommunikation, bezieht sie vielfältig ein. In Zeiten uns überflutender Informationsmengen sieht sich das Museum für Naturkunde als solider Stabilitätsfaktor eines Wissensgebäudes. Die Vermittlung naturkundlichen Wissens ist visionär und elementar zugleich. Originale Sachzeugen sind letztlich der Halt in unserer Zeit der virtuellen Welten. Der inhaltliche Ansatz ist flexibel und orientiert sich an der Hauptbesuchergruppe, den Kindern und Jugendlichen. Insofern soll das Haus, vor allem mit seiner Museumspädagogik in einer Art „Mitmach-Museum" ein Umfeld für individuelle und sinnliche Erfahrungen bieten.

Ein kleines Team mit weit reichenden Aufgaben

Das Museum für Naturkunde beherbergt heute die größte museale Sammlung der Stadt Chemnitz. Über 270 000 Inventarpositionen gliedern sich in zahlreiche Spezialsammlungen und enthalten Funde aus mehr als drei Jahrhunderten. Die geowissenschaftlichen Sammlungen umfassen die paläontologische Sammlung mit einer Kieselholzsammlung, einer paläobotanischen Sammlung und einer stratigraphisch-paläozoologischen Sammlung sowie die geologische Sammlung mit der Mineraliensammlung und der Gesteinssammlung. Die biowissenschaftlichen Sammlungen umfassen die entomologische Sammlung, die Wirbellosensammlung, die Wirbeltiersammlung und das Herbarium. Die historisch gewachsenen Sammlungsschwerpunkte des Museums genießen Priorität sowohl bei der konservatorischen Betreuung und weiteren wissenschaftlichen Erschließung als auch bei der künftigen Entwicklung. Dies sind insbesondere die international einzigartige paläontologische Sammlung, die mineralogische Sammlung sowie die entomologische Sammlung. Die übrigen Sammlungen werden unter den Gesichtspunkten der Museumspädagogik und der Ausstellungstätigkeit weiter entwickelt. In der hauseigenen Präparationswerkstatt entstehen lebensnahe Tierpräparate vom Singvogel bis zum Grizzly. Nur durch die ständige wissenschaftliche Arbeit von Kustoden, Konservatoren und Sammlungspflegern mit und an der Sammlung wird aus der Sammlung mehr als eine bloße Ansammlung von Objekten. Sie wird zum Spiegel des modernen Wissens, um so intensiver, wenn sie in weltweite Forschungsaktivitäten eingebunden ist. Wertvollste Objekte der wissenschaftlichen Sammlungen sind die Typusexemplare, jene Tiere und Pflanzen der Vergangenheit, die der Namensgebung der jeweiligen Arten zugrunde liegen und die für die Forschung „Urmeter" darstellen. Sie stehen Gastforschern uneingeschränkt zur Verfügung.

Wie bereits im Anfangskonzept von 1868 verankert, spielt das Museum auch eine wichtige Rolle für die öffentliche Bildung, einer jener Schlüsselbereiche für die Zukunftssicherung unserer Gesellschaft, der unter Sparzwängen in wachsendem Maße von der Politik vernachlässigt wird. Im Mittelpunkt steht die verständliche Darstellung der verschiedenen Aspekte der Natur. Mit ausstellungsbegleitenden Aktivitäten, vielfältigen Veranstaltungen, Vorträgen und Exkursionen versteht sich das Museum auch als Aktionsort. Zahlreiche engagierte Freizeitforscher unterstützen das Museum bei der Erweiterung und Erschließung seiner Sammlungen und helfen dabei, sich als ein attraktiver Partner für Bildung, Kultur, Industrie und Wissenschaft zu behaupten.

Achat, Sammlung Dr. Frieder Jentsch, Fundstelle Chemnitz-Altendorf.

Bergung des größten Schachtelhalmgewächses der Welt in Chemnitz, 2002.

Dieser riesige Grizzly wurde 2002 von Holger Rathaj im Museum präpariert.

Sensibilisierung für Themen aus der Natur, Angebot einer Handlungsrichtlinie und Vermittlung naturwissenschaftlicher Kenntnisse an ein breites Publikum knüpfen an die zentrale Bildungsaufgabe des Museums an, gehen jedoch weit darüber hinaus. Dazu gehören vor allem Ausstellungsprojekte in vielseitiger Kooperation mit Museen und anderen Partnern aus Bildung, Wissenschaft und Industrie, museumspädagogische und ausstellungsbegleitende Angebote, die Förderung des wissenschaftlichen Nachwuchses bei Praktika und „Jugend forscht"-Projekten, universitäre Lehrtätigkeit, die Mitarbeit in nationalen und internationalen Fachgremien, populärwissenschaftliche Vorträge und Veranstaltungen, Koordination naturwissenschaftlicher Fach- und Interessengruppen, die Erteilung von fachlichen Auskünften an Bürger, ferner die Mitwirkung bei Fragen des Arten-, Biotop- und Geotopschutzes, die Beantwortung von Fachanfragen anderer Dienststellen, die Erstellung von Gutachten und eine aktive Presse-, Medien- und Öffentlichkeitsarbeit. Das Museum offeriert einen breiten Angebotskatalog für Kindertagesstätten, Heime sowie für sämtliche Schularten, wie Grund- und Mittelschulen, Lernförderschulen, Gymnasien, Schulen in freier Trägerschaft und berufliche Schulzentren. Von der Ausstellungsführung über spezielle Veranstaltungen bis hin zum unvergesslichen Kindergeburtstag spannen wir den Bogen für unsere kleinen Gäste.

Das Naturkundemuseum im Tietz ist ein internationaler touristischer Anziehungspunkt von besonderer Größe. Hier erlebt man die Präsentation eines der ältesten, attraktivsten und wissenschaftlich wertvollsten versteinerten Wälder der Erde. Er bildet im großen Lichthof die Seele des Tietz. „Ein Wald edler Steine – Geschenk der Vulkane" ist der Titel der Ausstellung international einzigartiger Kostbarkeiten der Paläobotanik in Kombina-

Landschaftsrekonstruktion zur Zeit des Perms, Original: Oksana und Evgeniy Potievsky.

tion mit multimedialen Präsentationsformen, eine Erlebnisausstellung mit starker Verflechtung fossiler und lebender Exponate unter dem Gesichtspunkt des direkten Vergleichs und einer lebendigen Anschauung von Jahrmillionen alten Organismen und Biotopen.

Vor fast 300 Jahren stieß man in Chemnitz auf diesen Wald aus Stein - eine Sensation, die bis heute Rätsel aufgibt. Erst später erkannte man, dass Kieselholz als Schmuckstein viel zu schade ist, als Forschungsgegenstand und touristische Attraktion ist es bis heute eine Rarität. Im Tietz erlebt man die tiefe Faszination versteinerten Holzes, lernt man die kursächsischen Edelstein-Inspektoren, eifrige Sammler und den Vater des „Versteinerten Waldes" kennen. Es ist zu hören, was Goethe zu den Versteinerungen sagte und wie eine erheiterte Naturforscherrunde Spottlieder über die Irrtümer der verehrten Kollegen anstimmte. Das Museum führt seine Besucher in die Vergangenheit des Chemnitztales vor 290 Millionen Jahren, welches aus einer heiße Landschaft von Sümpfen und Wüsten, weiten Flussebenen und grollenden Vulkanen bestand. Darin gibt es die exotische Pflanzen- und Tierwelt einer Zeit zu erkunden, als an Blumen und Blüten noch nicht zu denken war. Im Osten von Chemnitz brach damals mit einer gewaltigen Explosion ein Vulkanberg auseinander. Seine Glutlawine wälzte sich unter dem Donner irdischer Urgewalten mit mehrfacher Orkangeschwindigkeit zu Tal, knickte 30 Meter hohe Baumriesen wie Streichhölzer um und begrub das Leben unter einer mächtigen Aschenschicht. Im Tietz kann man multimedial das erleben, was sich mit Worten nicht beschreiben lässt. Dabei kann man erfahren, wie Geologen mit kriminalistischem Spürsinn die Überreste und Spuren vergangenen Lebens deuten, wie das fantastische, aber gleichwohl unendliche Buch der Gesteinsschichten erlebbar wird und wie nah die fernen Jahrmillionen dem Betrachter sein können.

Eine Ausstellung, die lebende Insekten zeigt, ist in Museen selten zu sehen. In Chemnitz kann man das seit über 25 Jahren im Insektarium. Zahlreiche Terrarien zeigen aus der Vielfalt der größten Tiergruppe der Welt Kostproben ihrer breit gefächerten Lebensräume und ihrer außergewöhnlichen Leistungen. Der „Gläserne Bienenstock" gewährt Einblick in das rege Treiben hinter den Kulissen eines lebenden Bienenvolkes. Südamerikanische Blattschneiderameisen leben in einer einzigartigen Symbiose mit einem unterirdischen Pilz. Sie füttern den Pilz mit Blattstücken und dieser ermöglicht den Ameisen die Aufzucht der Nachkommenschaft. Die ständig zirpenden Mittelmeergrillen verbreiten mediterranes Flair inmitten der Großstadt und die prächtig gefärbten Schaumschrecken bringen Farbtupfer aus der Strauchvegetation Malaysias nach Chemnitz. Besonders gut getarnt sind die vielen Arten der Stabschrecken, die ihrer Gestalt entsprechend entweder „Lebende Äste" oder „Wandelnde Blätter" genannt werden. Die Verwandtschaft der Insekten ist aber weitaus größer. Im Museum zeigt man Krebse, wie die wehrhafte Landkrabbe aus den westafrikanischen Tropen oder die schutzbedürftigen Einsiedlerkrebse, die sich in einem leeren Schneckenhaus verstekken, das sie ständig mit sich herumtragen. Auch Spinnen, besonders die attraktiven Vogelspinnen, gehören zu den Schautieren des Insektariums. Neben Lauterzeugungen, Fressgebaren und Lebensraumanpassungen sind auch Besonderheiten der Fortpflanzung zu beobachten, so bei der tropischen Gottesanbeterin und den Grabwespen. Da das Leben der meisten Gliederfüßer recht kurz ist, kann nur mittels einer Zuchtanlage das Insektarium als ständige Ausstellung aufrecht erhalten werden. Seit seiner Eröffnung 1979 wurden hier schon etwa 150 Gliederfüßerarten gehalten und nachgezüchtet, von denen 70 Prozent im Insektarium zu sehen waren. Dies bedeutet einen hohen Arbeitsaufwand, denn nicht jede Tierart beweist soviel Brutfürsorge wie ein Skorpion.

All jene, die das Museum bei der Umsetzung seiner Vorhaben in den Sammlungen, der Forschung und bei den Ausstellungen unterstützen möchten, sind zur Mitwirkung im Freundeskreis des Museums für Naturkunde e.V. eingeladen, denn auch ein Museum braucht Freunde.

Ronny Rößler

Rotknie-Vogelspinne Brachypelma smithii aus Brasilien.

Skorpion Euscorpius mesotrichus aus der Türkei.

Tropische Blattschneiderameise Acromyrmex octospinosus im Insektarium.

Michael Morgner, Winter am Bodden, Aquarell, Latex, 1974.

Museum für zeitgenössische Kunst in Trägerschaft des Vereins Neue Chemnitzer Kunsthütte e.V.

Nach 15 Jahren des mehr oder minder starken Improvisierens in Ausstellungsräumen auf dem Kaßberg und in der alten Aktienspinnerei am Schillerplatz präsentiert sich die Neue Sächsische Galerie mit der Eröffnung im Tietz unter besten äußeren Bedingungen als Museum für zeitgenössische Kunst. Für die wechselnden Ausstellungen steht eine Fläche von ca. 700 qm im ersten Obergeschoss zur Verfügung. Darüber hinaus wird es erstmals möglich sein, den Bestand der städtischen Kunstsammlung in einer Dauerpräsentation der Öffentlichkeit zugänglich zu machen.

In der Folge der Wende im Frühjahr 1990 gegründet, verfolgt die Neue Sächsische Galerie seither das Ziel, in Sachsen entstandener aktueller Kunst ein Forum zu bieten, ihre Entstehung zu fördern und sie zu verbreiten. Berücksichtigung finden die klassischen Künste mit einem besonderen Schwerpunkt auf der Grafik, aber auch die angewandten Bereiche der Produktgestaltung, die in der Chemnitzer Region traditionell eine größere Bedeutung besitzen, Fotografie und neue Medien. Parallel zur Ausstellungstätigkeit wurde durch zahlreiche Spenden von Künstlern die vom ehemaligen Bezirkskunstzentrum über-

Die Lechlasche Villa an der Annaberger Straße diente der Kunsthütte sowie den Vorläufern der Stadtbibliothek und des Naturkundemuseums viele Jahrzehnte als Domizil. Foto um 1900.

nommene Sammlung um hunderte Werke erweitert. Diese Dokumentation regionaler Kunst seit 1945 erhält im Schaumagazin des Kellergeschosses ein erstes Gesicht und wird für den Besucher manche Entdeckung bereithalten.
Im Jahre 1997 übertrug die Stadt Chemnitz dem Kunstverein Neue Chemnitzer Kunsthütte e.V. die treuhänderische Verwaltung der Neuen Sächsischen Galerie.
Dieser war der erste, Anfang 1990 auf dem Gebiet der ehemaligen DDR gegründete Kunstverein. Dr. Werner Ballarin und einige verbündete Künstler ergriffen damals die Initiative, im Gebäude der ehemaligen Stasizentrale ein Ausstellungszentrum für die Aktivitäten des neu gegründeten Vereins einzurichten. Bereits der Name war Programm, bezog er sich doch auf die alte Kunsthütte, den vor über 140 Jahren gegründeten ersten Kunstverein von Chemnitz und wollte sich als sein ideeller Nachfolger verstehen. Dies gibt Gelegenheit zurückzublicken und sich der Ambitionen des Kunstvereins seit dieser Anfangsphase der bürgerlichen Kunstförderung in Chemnitz zu vergewissern.
Im Jahre 1860, mitten in der Zeit rasanter wirtschaftlicher Entfaltung und durchgreifender Industrialisierung der Region, gründeten engagierte Kaufleute, Unternehmer und Handwerker den Verein „Kunsthütte" mit dem Ziel, „unter seinen Mitgliedern eine Würdigung der bildenden Künste zu erwecken und die Interessen derselben zu fördern und zu wahren. Zur Erreichung dieses Zweckes werden die Mitglieder des Vereins sich an bestimmten Tagen versammeln, durch Besprechen von Kunstangelegenheiten, durch Ausstellung von Kunstwerken aller Art, durch Ankäufe geeigneter Kunstgegenstände und unentgeltliche Verlosung derselben unter sich, durch gesellige Unterhaltung und durch andere entsprechende Mittel die Empfänglichkeit und das Interesse für die Kunst untereinander und nach außen zu erwecken und zu erhöhen suchen." Bereits am 15. Juli 1860 eröffnete der Kunstverein die erste Ausstellung mit Arbeiten von Chemnitzer Künstlern.
Nachdem der Verein schnell auf weit über 300 Mitglieder angewachsen war, beschloss man ein eigenes Haus, die Lechlasche Villa in der Annaberger Straße 25, zu beziehen. Ähnlich wie heute im Tietz teilte die Kunsthütte sich die Nutzung des Gebäudes mit anderen gemeinnützigen Einrichtungen: der Stadtbibliothek, der Naturwissenschaftlichen Gesellschaft und dem Chemnitzer Geschichtsverein.
Galt das Hauptinteresse der Gründergeneration der Kunsthütte noch der Selbstverständigung der Mitglieder über Kunst, verlagerte sich der Schwerpunkt der Vereinsarbeit um die Jahrhundertwende auf das Interes-

Lutz Voigtmann, Paris Montparnasse, Öl auf Hartfaser, 1989.

se an der allgemeinen Kunstentwicklung, was den Blick über die Region hinaus führte. Die Kunsthütte stellte neue Kunstentwicklungen in Chemnitz vor, präsentierte Edvard Munch, Käthe Kollwitz, die neugegründete „Künstlergruppe Chemnitz". So wurde der Verein allmählich zum Sachwalter der bildenden Kunst in Chemnitz. Man begann eine vereinseigene Sammlung aufzubauen. Durch Spenden und Nachlässe entstand der Grundstock dieser stetig wachsenden Kunstsammlung. Im Jahre 1912 sah sich die Stadtverwaltung veranlasst, die Arbeit des Vereins durch die Bereitstellung von Ausstellungs- und Depoträumen im neu zu bauenden König Albert Museum zu unterstützen. Ab dieser Zeit finanzierte sie auch die Tätigkeit des Ausstellungsleiters Friedrich Schreiber-Weigand.

Schreiber-Weigands Interesse galt von Beginn an den modernen Kunstentwicklungen. So wurde die Kunsthütte als erste auf die neuen Maler der „Brücke" um Ernst Ludwig Kirchner und Karl Schmidt-Rottluff aufmerksam, die wie dieser fast alle in der Chemnitzer Umgebung aufgewachsen waren. Die Kunsthütte förderte die jungen Künstler mit zahlreichen Ausstellungen, Publikationen und Ankäufen und legte damit den Grundstock des heutigen Bestandes expressionistischer Kunst in den Kunstsammlungen Chemnitz.

Die mutige Arbeit, die der Kunsthütte ihren noch heute nachhallenden Ruhm einbrachte, währte nur kurze Zeit. Bereits 1933 wurde Schreiber-Weigand all seiner Ämter enthoben und die Sammlung von Werken der Expressionisten „bereinigt". Nach einer Phase der Anpassung an die kunstpolitischen Erwartungen der Nationalsozialisten scheiterte nach dem Ende des dritten Reiches der Versuch der Neuetablierung der Kunsthütte an der Befehlsgebung der Sowjetischen Militäradministration, die jegliche Vereinsbildung verbot. Der Verein wurde aufgelöst und seine Sammlung dem städtischen König Albert Museum zugeschlagen. In den Jahren der DDR verhinderten die Gesetze die Bildung freier Vereinigungen zur Förderung der Kunst. Die Kunsthütte war ein historisches Phänomen in den Unterlagen des Stadtarchivs und der Kunstsammlungen geworden. Die politische Wende im Herbst 1989 mobilisierte die Initiativkräfte der Bürger. So entstand nach dem Besetzen der ehemaligen Stasizentrale an der Richard-Sorge-Straße, heute Hohe Straße, der Wunsch, an diesem Ort der Verängstigung und Geheimniskrämerei ein künstlerisches Begegnungszentrum zu gründen. Getragen von der unbändigen Energie des ehe-

Konrad Hunger, Hahnenkönig, Bronze, 2000.

Helmut Heinze, Bernhard Kretzschmar, Bronze, 1974.

Otto Müller-Eibenstock, Bewegung, Öl auf Hartfaser, 1947.

Jürgen Schieferdecker, Löffelwerk für meine Landsleute, Objekt, 1989.

maligen Direktors der Kunstsammlungen der Stadt Karl-Marx-Stadt, Dr. Werner Ballarin, und mit breiter Unterstützung der lokalen Künstlerschaft formulierte die Bürgerinitiative Kunst und Kultur bereits im November 1989 die entsprechenden Forderungen gegenüber dem Oberbürgermeister. Die Kunst hatte in den zurückliegenden Tagen der Montagsdemonstrationen und in den letzten DDR-Jahren ihre Fähigkeit zum Stachel, zum kritischen Impuls und als Sinnbild der Emanzipation bewiesen. Der Kunst gerade dieses Haus zu übergeben, schien nahe zu liegen und fand schnell breite Unterstützung. Währenddessen gründeten Dr. Ballarin und 42 Mitstreiter am 24. Januar 1990, dem 130. Gründungstag der alten Kunsthütte, den ersten Kunstverein im Osten Deutschlands, die Neue Chemnitzer Kunsthütte, und im Mai 1990 die Neue Sächsische Galerie. Ausstellungsflächen gaben die Gänge und Räume der gerade leergezogenen Abhörzentrale auf dem Kaßberg her.

Die erste Ausstellung „Knotenpunkt" spiegelte in ihrem thematischen Zuschnitt und der Inbesitznahme der Räume des Hauses durch Installationen die künstlerische Kraft der Wendezeit. Der Weg der Kunst in der endlosen Baustelle an der Hohen Straße begann.

Die Neue Chemnitzer Kunsthütte schrieb es sich auf die Fahnen, der Kunst der Region eine Plattform zu bieten, die neuen Entwicklungen in den sächsischen Ateliers zu beobachten und vorzustellen. Sehr bald gelang es auch, die Kunstsammlung der in Auflösung befindlichen ehemaligen Bezirkskunstgalerie in die Obhut der Kunsthütte zu überführen und damit den Grundstock für den Aufbau einer Sammlung sächsischer Kunst nach 1945 anzulegen – der Neuen Sächsischen Galerie. Seit Übernahme der Treuhänderschaft über diese Sammlung galt das Bemühen in Galerie und Verein, wesentliche Lücken der Sammlung zu schließen und das aktuelle Kunstschaffen in der Region neu aufzunehmen. Zahlreiche Schenkungen sächsischer Künstler erweiterten den Sammlungsbestand in den klassischen Kunstbereichen Grafik, Malerei und Plastik zum Teil erheblich. Wettbewerbe und Preisstiftungen wurden ins Leben gerufen, um die Sammlungsschwerpunkte zu stärken. Seit 1996 wird alle zwei Jahre der Wettbewerb „100 Sächsische Grafiken" ausgeschrieben, dessen Ergebnis als geschlossenes Konvolut von den Künstlern für die Sammlung erbeten wird. Die Neue Sächsische Galerie organisiert für diesen repräsentativen Querschnitt aktueller Grafik des Landes eine Ausstellungsreihe, die neben sächsischen Standorten auch in den alten Bundesländern und in Tschechien gezeigt werden konnte. Mit ähnlicher Absicht konnten dank der Förderung durch die Bildhauerin und ehemalige Chemnitzerin Ruth Leibniz seit 1996 neun bildhauerische Arbeiten für die Sammlung erworben werden.

Nach zehn Jahren Ausstellungstätigkeit in der Hohen Straße mussten Verein und Galerie den Standort wechseln – an das gegenüberliegende Ende der Chemnitzer Innenstadt. Mit viel Engagement gelang es, in der ersten Etage der alten Aktienspinnerei am Schillerplatz, den vielleicht schönsten Ausstellungsraum der Stadt herzurichten. Der große, von schlanken gusseisernen Stützen gegliederte Saal bot Platz für umfangreichere Präsentationen. Auch die Sammlung war endlich halbwegs angemessen untergebracht. Der Geschichte des Baues und der Region Referenz erweisend, präsentierte die Galerie in den letzten vier Jahren auch einige Ausstellungen zum Industriedesign und zu anderen Bereichen angewandter Kunst. „Sitzen auf Holz" reflektierte die große Tradition des Möbelbaus in Sachsen, „moment:" präsentierte die überregional geschätzte Arbeit der Angewandten Kunst Schneeberg, der einzigen künstlerischen Ausbildungsstätte im Regierungsbezirk Chemnitz.

Anfang des Jahres 2002 wechselte die Führung der Galerie. Der Gründungsdirektor wurde pensioniert und Ulrike Meier aus Plauen übernahm für kurze Zeit die Leitung des Hauses. Nach

ihrem plötzlichen und kurzfristigen Ausscheiden folgte im Januar 2003 Mathias Lindner in die Leitung des Hauses.
In diese längere Umbruchzeit fielen die Planungen für einen erneuten Standortwechsel der Neuen Sächsischen Galerie. Die Chemnitzer Kulturpolitik hatte sie als viertes Standbein des neu entwickelten Kulturkaufhauses vorgesehen. Im ehemaligen Kaufhaus Tietz sollte zusammen mit Stadtbibliothek, Volkshochschule und Museum für Naturkunde ein einzigartiges, an die Ursprünge der Kunsthütte in der Annaberger Straße erinnerndes Kulturhaus mitten in der neu entwickelten Innenstadt entstehen, das mit der Veröffentlichung dieses Buches im Oktober 2004 Wirklichkeit geworden ist.
Die Kunsthütte und ihre Neue Sächsische Galerie verfügen nach diesem letzten Umzug über museal erstklassige Ausstellungsräume und können endlich auch den Sammlungsbestand in Form einer Dauerausstellung im Schaumagazin präsentieren. Anhand großer thematischer Leitmotive wie Mensch, Landschaft und Industrie, Form und Material werden die Produktionen des sächsischen Kunstraums und seine Variabilität erlebbar. Dresdner und Leipziger Schule, das Arbeiten im Umfeld intensiver industrieller Wirtschaft zwischen Chemnitz und Zwickau und die Volkskunsttraditionen des Erzgebirges bilden den Humus für die Vielgestaltigkeit künstlerischer Ausdrucksformen Sachsens. Die Präsentation nutzt die galerieuntypischen Gegebenheiten der Kellerräume des Depots zu einer spannenden und überraschenden Präsentation.
Das Ausstellungsprofil der Neuen Sächsischen Galerie wird sich mit dem Umzug leicht erweitern. Die moderneren Medien der Kunst, Photografie, Installation und Performance werden einen breiteren Platz im Ausstellungsgeschehen einnehmen. Darüber hinaus möchte die Galerie durch Kooperationen mit Literatur- und Musikvereinen und den neuen Partnern im Tietz zu dem Veranstaltungsort für zeitgenössische und experimentelle Kunstformen in Chemnitz werden.
Zwei große Traditionslinien der Kunsthütte sollen auch ins Tietz hineinreichen: die Anfänge des Vereins mit seinen intensiven Versuchen der Selbstverständigung über Kunst, des Sprechens über und des Lebens mit der Kunst sowie das Angebot an die Künstler des Landes, hier einen Resonanzraum für neue Ideen und Entwicklungen, für Experimente, spontane Aktionen und gesellschaftliche Einmischung zu finden.

Mathias Lindner

Carsten Nicolai, Träume, Drei-Farben-Lithografie, 1994.

ABRIK MONTAGE
FINANCIA
USA
Greece

Stadtbibliothek Chemnitz

Eine wechselvolle Geschichte

Am 15. März 1950 eröffnete die Stadtbibliothek am Schillerplatz mit den Abteilungen Volks- und Studienbücherei in der ehemaligen Aktienspinnerei. Niemand konnte damals ahnen, dass dieses als Provisorium gedachte Haus der Stadtbibliothek 54 Jahre lang als Domizil dienen würde, bis nunmehr im Tietz eine für die Bedürfnisse passende Heimstätte errichtet wurde.

Die eigentliche Geburtsstunde der Stadtbibliothek fiel in eine Zeit, als sich Chemnitz zur führenden Fabrik- und Handelsstadt im Königreich Sachsen entwickelte. Im Jahre 1820 wurde der „Literarische Verein" als einer der ersten seiner Art in Deutschland gegründet. Ihm folgten der „Erste Leseverein" und später noch weitere Gesellschaften, die sich der Literatur verschrieben. Der von Vertretern des Chemnitzer Bürgertums lang gehegte Wunsch nach einer Stadtbibliothek rückte in greifbare Nähe, als der Zschopauer Unternehmer Jacob Georg Bodemer 1867 der Stadt Chemnitz eine Reihe wertvoller Bücher stiftete. Daraufhin stellten die städtischen Behörden jährlich 200 Taler für die Gründung der Bücherei bereit.

Das von der Stadt auf der Annaberger Straße 44 gekaufte Haus, die ehemalige Lechlasche Villa, wurde zum Domizil der neuen Bibliothek. Unter diesem Dach arbeiteten bereits der Verein „Kunsthütte" und auch die „Naturwissenschaftliche Sammlung". Am 2. Juli 1869 öffnete die Stadtbibliothek mit 444 Bänden hier ihre Tore. Vom Charakter her war es eine wissenschaftliche Bibliothek, die der Chemnitzer Mittel- und Oberschicht unter dem Nachweis gewisser finanzieller Sicherheiten zur Verfügung stand. Als öffentliche Einrichtung bot die Stadtbibliothek von Beginn an ein breites Literaturspektrum. Der Bestand wuchs kontinuierlich, zu einem großen Teil aus Stiftungen und Schenkungen, aber auch aus Neuerwerbungen durch Zuwendungen der Stadtverwaltung und Bürger. Ergänzt wurden die Bestände durch die ehemalige Lyzeumsbibliothek, in der man unter anderem Inkunabeln der aufgelösten

Jacob Georg Bodemer, 1807 - 1888.

Biblia Latina, Pergamenthandschrift, 13. Jahrhundert.

Ruine der Stadtbibliothek, um 1947.

Freihandausleihe, um 1952.

Haus am Schillerplatz, um 1952.

Chemnitzer Klosterbibliotheken aufbewahrte. Die bis heute erhaltene und erweiterte Büchersammlung der Bibliothek widerspiegelt über Jahrhunderte das geistige und kulturelle Leben der Stadt. Besonders die Handschriften und frühen Zeugnisse der Buchdruckkunst sind einmalige Zeugen ihrer Zeit.

Die in der Annaberger Straße angemieteten Räume reichten bald nicht mehr aus, so dass bereits nach zehn Jahren ein Umzug in das zweite Obergeschoss des Alten Rathauses am Markt erfolgte. 1893 eröffnete schließlich die Bibliothek in der ehemaligen Bürgerschule Theaterstraße 9.

Bisher erfüllte die Stadtbibliothek ausschließlich den Status einer Gelehrtenbibliothek. Mit ihrem speziellen wissenschaftlichen Profil waren breite Teile des Volkes von der Nutzung ausgeschlossen. Ihnen blieben die Vorstadtbüchereien, die jedoch unabhängig von der Stadtbibliothek existierten. Im Jahre 1912 wurde die wissenschaftliche Bibliothek um eine Volksbücherei ergänzt, die man unter dem Namen „Städtische Bücher- und Lesehalle" eröffnete. Fortan existierten Stadtbibliothek für den „gehobenen" Bildungsbedarf sowie Bücher- und Lesehalle zum Zweck der Volksbildung nebeneinander. In ihr fand der Bibliotheksbenutzer „edle Unterhaltungsliteratur", populärwissenschaftliche Darstellungen verschiedener Wissensgebiete neben Tageszeitungen, Fachzeitschriften und Romanen. Neue Lesesäle mit Präsenzbeständen konnten für das Selbststudium genutzt werden. Die Benutzung nahm sprunghaft zu.

Mit der Machtübernahme der Nationalsozialisten und der Bücherverbrennung am 10. Mai 1933 begann der Niedergang der Stadtbibliothek. Ihre Bestände wurden unter nationalsozialistischem Aspekt gesichtet und zahlreiche Schriften aus ihr entfernt. Den Bombenangriffen vom März 1945 fiel fast die gesamte Bibliothek im Gebäude an der Theaterstraße zum Opfer. Nur die zu Kriegsbeginn ausgelagerten bibliophilen Kostbarkeiten und weitere historische Bestände, die man in die Rübenauer Zollhäuser ausgelagert hatte, blieben glücklicherweise erhalten.

In den ersten Monaten nach dem Ende des Krieges begann der Wiederaufbau der Bibliothek. Im schwer beschädigten Opernhaus stand ein Raum für die Rückgabe der entliehenen Bücher als erster Anlaufpunkt zur Verfügung. Später dienten im Gebäude der Technischen Lehranstalten zwei ehemalige Zeichensäle als Volks- und Studienbücherei. Am 22. Oktober 1945 erfolgte hier die Wiedereröffnung der Volksbücherei mit einem Anfangsbestand von 713 Bänden, einem Hundertstel der Bibliothek vor der Zerstörung. Zu den über die Kriegsjahre erhaltenen Beständen übernahm die Stadtbibliothek 1948 eine heimatgeschichtliche und eine kunstgewerbliche Sammlung, die die Studienbücherei erweiterten und bereicherten.

Da die Technischen Lehranstalten ihre Räume selbst benötigten, musste bald ein neuer Standort gefunden werden. Behelfsmäßig richtete man im Frühjahr 1950 Räume im Haus am Schillerplatz, der einstigen Aktienspinnerei und dem damaligen Haus des Kommunalen Wirtschaftsunternehmens, ein. Das Gebäude bot genügend Platz, um die Bibliothek räumlich wachsen zu lassen. Bereits am 29. Juni 1950 konnte man sie mit einer Kinderbücherei, der ersten in Chemnitz, vervollkommnen. Im Jahre 1954 besaß die Stadtbibliothek Karl-Marx-Stadt bereits 25 Bibliotheken an verschiedenen Standorten, darunter vier Kinderbibliotheken, 16 größtenteils mit Kinderbuchabteilungen verbundene Zweigstellen und zwei wissenschaftliche Fachabteilungen. Weiter verfügte sie über zwei Lesesäle. Sie erhielt den Status einer Stadt- und Bezirksbibliothek und die Aufgabe der fachlichen Anleitung aller öffentlichen Allgemeinbibliotheken im Bezirk Karl-Marx-Stadt. Der Übergang von der bisherigen Thekenausleihe zur „Freihandbibliothek" 1955 war ein bedeutungsvoller Abschnitt in der Entwicklung der Stadtbibliothek.

Die 1960er Jahre waren durch die so genannte operative Bibliotheksarbeit geprägt. Unter dem Motto „Alle Werktätigen lesen" wurde ein System an „Hausbibliotheken" gebildet, das zusätzlich zu den stationären Einrich-

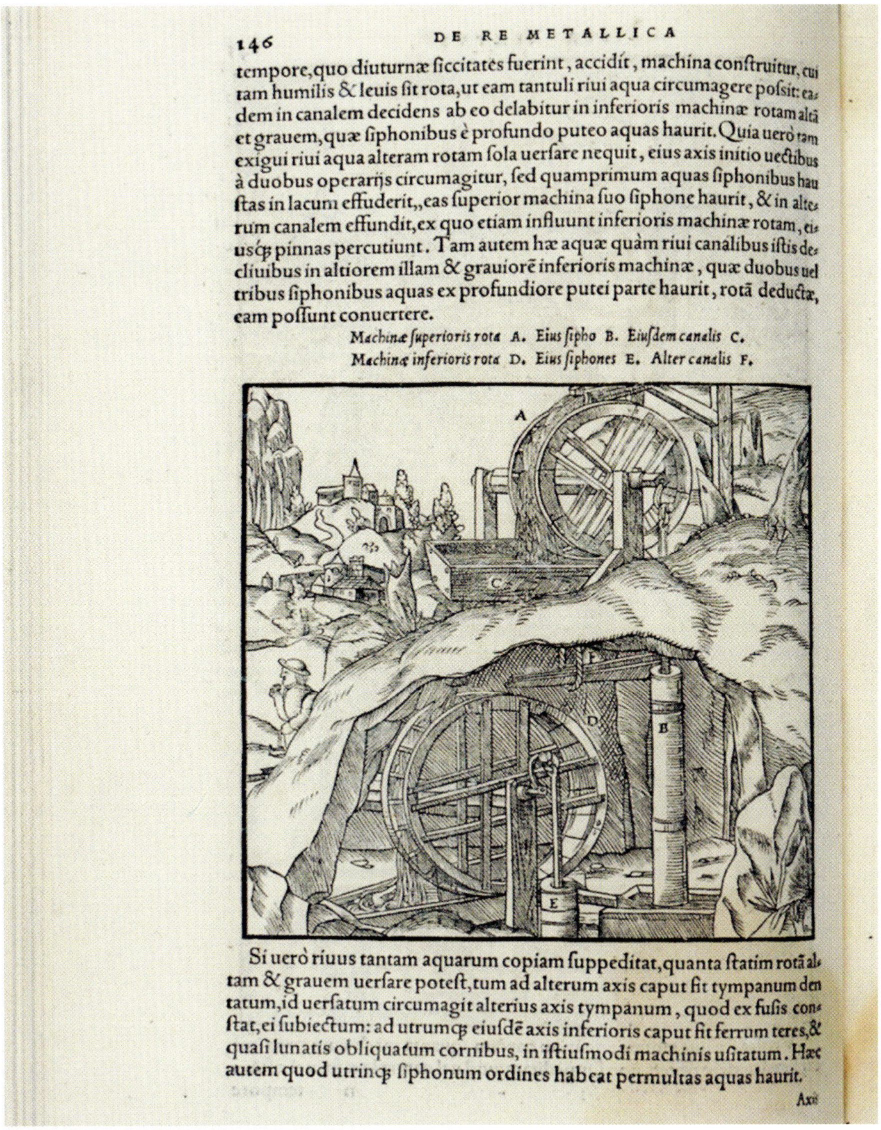

146 DE RE METALLICA

tempore, quo diuturnæ ſiccitates fuerint, accidit, machina conſtruitur, cui tam humilis & leuis ſit rota, ut eam tantuli riui aqua circumagere poſsit: eadem in canalem decidens ab eo delabitur in inferioris machinæ rotam altã et grauem, quæ ſiphonibus è profundo puteo aquas haurit. Quia uerò tam exigui riui aqua alteram rotam ſola uerſare nequit, eius axis initio uectibus à duobus operarijs circumagitur, ſed quamprimum aquas ſiphonibus hauſtas in lacum effuderit, eas ſuperior machina ſuo ſiphone haurit, & in alterum canalem effundit, ex quo etiam influunt inferioris machinæ rotam, eiusq; pinnas percutiunt. Tam autem hæ aquæ quàm riui canalibus iſtis decliuibus in altiorem illam & grauiorẽ inferioris machinæ, quæ duobus uel tribus ſiphonibus aquas ex profundiore putei parte haurit, rotã deductæ, eam poſſunt conuertere.

Machinæ ſuperioris rota A. *Eius ſipho* B. *Eiuſdem canalis* C.
Machinæ inferioris rota D. *Eius ſiphones* E. *Alter canalis* F.

Si uerò riuus tantam aquarum copiam ſuppeditat, quanta ſtatim rotã altam & grauem uerſare poteſt, tum ad alterum axis caput fit tympanum dentatum, id uerſatum circumagit alterius axis tympanum, quod ex fuſis conſtat, ei ſubiectum: ad utrumq; eiuſdẽ axis inferioris caput fit ferrum teres, & quaſi lunatis obliquatum cornibus, in iſtiuſmodi machinis uſitatum. Hæc autem quod utrinq; ſiphonum ordines habeat permultas aquas haurit.

Axis

Georgius Agricola, De re metallica, 1556.

Biblia, H. Eggestein, 1466.

tungen die Bücher in die Wohnungen der Bürger brachte.

Neue Medien in Form von Tonträgern hielten 1969 durch die Einrichtung eines audiovisuellen Kabinetts Einzug in die bisher vom gedruckten Wort beherrschte Bibliothek und waren Magnet für viele neue Benutzer. Musik verschiedener Genres, Funkdramatik, Vorträge zu unterschiedlichsten Themen, von Dias, Schautafeln usw. unterstützt, konnten gehört und gesehen werden. 1971 wurde die Kinderbuchabteilung ausgelagert und im Pionierhaus auf der Kaßbergstraße als separate Kinderbibliothek mit knapp 10 000 Büchern und Schallplatten eröffnet. Sie entwickelte sich zu einem wichtigen Partner der umliegenden Schulen mit zahlreichen Programmen zur Unterstützung des Unterrichtes und zur Unterhaltung am Nachmittag.

Mit der Erbauung neuer Wohnviertel entstanden in ihnen gleichzeitig große Zweigbibliotheken für Erwachsene und Kinder. Die erste Stadtteilbibliothek wurde 1960 im Lutherviertel eingeweiht. Ihr folgten weitere in den damaligen Wohngebieten Hans Beimler, Yorck und Fritz Heckert.

Ein Novum war 1969 die Fremdsprachenbibliothek mit 30 000 Medien in über 20 Sprachen. Ihre Aufgabe bestand sowohl darin, durch Sprachkurse und spezielle Literatur das Erlernen fremder Sprachen zu unterstützen und fremdsprachige Literatur für die interessierten Leser bereit zu stellen, als auch die damals hier tätigen ausländischen Arbeiter mit muttersprachlicher Literatur und Musik zu betreuen.

Sachsenspiegel, 1559.

In den 1980er Jahren konnte die Bibliothek das Angebot spezialisierter Bestände erweitern. So entstand 1988 die Musikbibliothek, die der wachsenden Nachfrage nach Tonträgern Rechnung trug und neben dem Unterhaltungsangebot für junge Leute vor allem auch auf der klassischen Strecke ein Publikum fand. Ebenfalls 1988 öffnete das Regionalkundekabinett seine Pforten, das seither Heimatforschern, Publizisten und Historikern, selbst Interessenten aus Japan, den USA, Dänemark oder Schweden zu Forschungsergebnissen verhalf.

Ein Highlight, das letzte allerdings unter den Bedingungen der DDR, stellte im September 1989 die Eröffnung des Lesecafés „exlibris" im Erdgeschoss des damaligen Hotels Moskau dar. Neben Zeitungen und Zeitschriften beherbergte es auch eine Grafothek, aus der man für einen bestimmten Zeitraum gerahmte Originale und Reproduktionen entleihen konnte. Zum Programm gehörten Lesungen, Theater der kleinen Form, Jazzabende und Galerieveranstaltungen.

Zentralbibliothek im Haus am Schillerplatz, um 1980.

Aus der Tradition in die Zukunft

Seit 1960 wurden mit unterschiedlicher Planungsintensität zehn Projekte für eine neue Stadtbibliothek konzipiert. Mit der Wiedervereinigung Deutschlands eröffneten sich in dieser Frage völlig neue Perspektiven. Bevor man sich letztlich Ende der 1990er Jahre auf das Tietz konzentrierte, waren kurze Zeit auch die Galerie Roter Turm, der Mendelsohnbau an der Brückenstraße und die ehemalige Staatssicherheitszentrale auf der Hohen Straße für die Bibliothek im Gespräch bzw. in der Planung. Dank einer Förderung des Bundes im Rahmen des Aufbauprogramms „Kultur in den neuen Ländern" in Höhe von 1,5 Millionen Euro konnte die neue Stadtbibliothek im Tietz verwirklicht werden.

Während der Bibliothek in der alten Aktienspinnerei bis 2004 nur ca. 2 700 qm Nutzfläche zu Verfügung standen, kann sie im Tietz über 6 000 qm belegen. Auf diese Weise ist es der Stadtbibliothek möglich, nun professionell ihrer Aufgabe als Kommunikations- und Dienstleistungszentrum für eine kundenorientierte und systematische Bereitstellung von Informationen und Medien gerecht zu werden. Jeder Bürger kann hier unter Ausnutzung der modernsten Kommunikationstechnik seine gewünschten Informationen beziehen und hat alle Möglichkeiten, sich ständig individuell weiterzubilden. Damit bedient die Stadtbibliothek das im vergangenen Jahrzehnt enorm gestiegene Informationsbedürfnis der Chemnitzer und spiegelt die heutige Medienvielfalt mit jährlich ca. 80 000 neuen Titeln der deutschsprachigen Verlagsproduktionen wider. Dass dies von der Bevölkerung angenommen wird, dokumentierte eindrucksvoll das Ergebnis noch im alten Haus von mehr als 400 000 Besuchern und 1,5 Millionen Entleihungen 2003 gegenüber 906 386 im Jahr 1990. Der hohe Stellenwert der Stadtbibliothek in der Chemnitzer Bevölkerung wird insbesondere durch den Zuspruch unter den Jugendlichen zwischen 14 und 18 Jahren deutlich. 30 Prozent aller Chemnitzer dieser Altersgruppe besitzen inzwischen einen Bibliotheksausweis. Statistisch betrachtet hat im Vergleichsjahr 2003 jeder Chemnitzer sechs Medien aus der Stadtbibliothek entliehen. Dabei finden die Printmedien mit 70 Prozent der Entleihungen die größte Beachtung, wobei die Nachfrage nach elektronischen Informations- und Unterhaltungsmedien mit dem wachsenden Bestandsangebot ebenfalls steigt.

Weil die Menge an Informationen in Schrift und Bild ständig zunimmt und damit auch der Grad der Unüber-

Musikforum in der Stadtbibliothek im Tietz, 2004.

Leseplätze, 2004.

Lesecafé „ex libris" in der Stadtbibliothek im Tietz.

schaubarkeit steigt, erhält die Stadtbibliothek eine neue Aufgabe als Vermittler zwischen ungezählten Informationen und dem spezifischen Bedarf. Sie gibt konkrete Hilfestellungen sowie fachliche Beratung und wird so zu einem unentbehrlichen Lotsen in der Informationsgesellschaft. Um sich dieser Anforderung zu stellen, wurden bereits vor dem Umzug in das Tietz im Rahmen eines Pilotprojektes die inneren Bibliotheksstrukturen erneuert. Die Organisation umfasst jetzt vier Teams für die Bereiche „Jugend und Musik", „Wissenschaft und Technik", „Kultur und Länder" sowie „Stadtnetz". Im Rahmen der jährlichen Zielplanungen agieren diese eigenverantwortlich, beginnend von der Gestaltung der Medienangebote, ihrer Präsentation und Vermittlung, über Veranstaltungsangebote bis hin zur Öffentlichkeitsarbeit.

Dabei erhalten die Leseförderung, Entwicklung von Medienkompetenz sowie „lebenslanges Lernen" eine besondere Bedeutung für die Bibliotheksarbeit. Um vor den Anforderungen der Zukunft zu bestehen, wurden moderne Marketingstrategien und Managementmethoden für die Bibliothek unerlässliche Instrumente.

Die traditionsreiche Bibliothek etabliert sich im Tietz als der Knotenpunkt des Kultur- und Bildungsnetzwerkes der Stadt. Sie ist ein modernes, atmosphärisch gestaltetes Haus, welches als Informationszentrum, Treffpunkt, Kommunikationsort und auch als Freizeitstätte sowie Lern- und Arbeitsort genutzt werden kann. Sie lädt zum Sehen, Hören und Schmökern ein. Sie ist ein Ort des Entdeckens. Man findet hier Zeitungen und Zeitschriften aus aller Welt, die Präsentation der Medien nach Sinnzusammenhängen, die dem Suchenden Angebote bereitet und ihn stimuliert, Neues aufzuspüren. Die qualifizierte persönliche Beratung der Mitarbeiter hilft Wege durch den Dschungel von Informationen zu bahnen.

In die Bibliothek, die sich im zweiten und dritten Obergeschoss befindet, gelangt man über die dritte Etage. Hier präsentiert sich auch das „tietz Cafe" mit besonderen kulinarischen und kulturellen Angeboten. Außerdem ist auf dieser Etage der Zugang zum multifunktionalen Veranstaltungssaal mit ca. 120 Plätzen im ehemaligen so genannten Orientteppichsaal. Die zwei Etagen für die Zentralbibliothek sind so konzipiert, dass keine abgegrenzten Räume, sondern fließende Übergänge zwischen den Abteilungen bestehen: In der dritten Etage von der „Kinderwelt" als Lern- und Spielort zur „Jugendszene", „Audiothek" hin zum „Musikforum" sowie zum Lesecafé „ex libris" mit Tageszeitungen und 140 aktuellen Zeitschriften. In der zweiten Etage ist die Literatur nach den Themenkreisen „Wissenschaft & Technik" und „Kultur & Länder" geordnet. Allein auf diesen beiden Etagen sind etwa 200 000 Medien für die Kunden frei zugänglich. Ein kleiner Lesesaal sowie eine Vielzahl, teilweise um die Lichthöfe angeordnete Arbeits- und Leseplätze laden zum Studieren ein. Wer ungestört mit dem Laptop arbeiten möchte, für den sind ebenfalls Plätze vorhanden. Außerdem kann man stunden- oder tageweise die Carrels – kleine Arbeitskabinen – mieten. Eine besonderer Service ist die Bereit-

Kinderwelt.

Computerarbeitsplatz.

stellung der druckfrischen Bestseller. Dieser wird gegen die Entrichtung eines geringen Obolus zur Ausleihe angeboten. Damit hat das lange Warten auf die besonders gefragten Titel ein Ende. Der Einsatz von Selbstverbuchungsgeräten vermeidet zudem lange Warteschlangen. Überhaupt hat die modernste Technik im Haus Einzug gehalten. Insgesamt verfügt die Bibliothek über 80 elektronische Katalogplätze und Internetterminals für Recherchen. Bibliotheksinfos, wie u. a. Erinnerungen an den Abgabetermin oder Veranstaltungshinweise, können auf Wunsch per E-Mail empfangen werden. Die Bibliothek als realer wie auch virtueller Ort bietet 24 Stunden die Möglichkeit, im elektronischen Katalog zu recherchieren, die Leihfrist zu verlängern, bei ausgeliehenen Titeln eine Vormerkung vorzunehmen und vieles mehr. Suchanfragen verknüpfen Internetressourcen mit dem elektronischen Katalog. Außerdem bietet die Stadtbibliothek Datenbankrecherchen. Jedes veröffentlichte Buch aus der ganzen Welt und jeder Aufsatz sind beschaffbar.

Ein Schwerpunkt der Bibliotheksarbeit bleibt die Pflege, Erhalt und digitale Erschließung der Bestände in der Magazinbibliothek mit ca. 160 000 Medien. Dieser Teil befindet sich in der Mehrzahl im abgeschlossenen Kellerbereich. Er umfasst Druckerzeugnisse aus acht Jahrhunderten, die in Kompakt-Roll-Regalen gesichert aufbewahrt werden. Ein klimatisierter Tresorraum schützt die bibliophilen Raritäten. Das Regionalkundekabinett wird darüber hinaus auch künftig regionalkundliche Veröffentlichungen über und aus dem Regierungsbezirk Chemnitz sammeln und erschließen. Zudem werden die Forschungen von Wissenschaftlern, Vereinen und interessierten Bürgern zu regionalkundlichen Themen unterstützt.

Rund 500 Veranstaltungen, Autorenlesungen, Bibliothekseinführungen, Internetschulungen, finden jährlich im Netz der Stadtbibliothek statt. Viele Vereine, Gesellschaften und Institutionen nutzen die Bibliothek als Podium für Vorträge, Ausstellungen, Konzerte. Zum Selbstverständnis der Bibliothek gehört die Kooperation und Vernetzung von verschiedenen Kultur- und Bildungspartnern, ausländischen Kulturinstituten, Verlagen und Buchhandlungen.

Besondere Unterstützung erfährt die Stadtbibliothek durch den Verein „Förderer der Stadtbibliothek Chemnitz" unter dem Vorsitz von Prof. Dr. Bernd Leistner. Seine Gründung erfolgte 1990 durch den in Chemnitz geborenen Frankfurter Verleger Wolfgang Weidlich. Er übergab der Stadtbibliothek nicht nur die Titel aus seiner umfangreichen Verlagsproduktion und regelmäßige Geldspenden, sondern nutzte auch persönliche Beziehungen zu vielen Verlagen und Persönlichkeiten der alten Bundesländer, die mit ihren interessanten Buchspenden das Angebot bereichern. Der Förderverein unterstützt mit finanziellen Mitteln, Bücherspenden und Aktivitäten im Bereich der Öffentlichkeitsarbeit die Ziele der Stadtbibliothek und verstärkt ihre Lobby. Neben Fördermitteln vom Land und Bund erhielt die Stadtbibliothek zahlreiche Spenden aus Düsseldorf und München, von der Arbeitsgemeinschaft der Düsseldorfer Heimatvereine, der Botschaft der USA und nicht zuletzt von privaten Spendern.

Bei der Stärkung des Bildungsnetzwerkes der Stadt sind die Stadtbibliothek und die Volkshochschule zwei wichtige Partner mit dem gleichen Selbstverständnis. Unter einem Dach werden die Grenzen zwischen den Kultur- und Bildungseinrichtungen fließend, so auch für die weiteren Tietz-Nutzer Naturkundemuseum und Neue Sächsische Galerie. Damit schärfen sich ihre Profile und fügen sich ihre Ressourcen zusammen. Die Synergien, welche die Einrichtungen freilegen, befruchten diese selbst und bieten ein attraktives Angebot für die Chemnitzer aller Generationen.

Elke Beer

Bibliothekseinführung für Kinder.

Chemnitzer Volkshochschule

Herausgegeben vom Verein für Volksbildung zu Chemnitz, e. V.

Erscheint jeden Mittwoch mit Ausnahme der Volkshochschulferien • Bezugspreis vierteljährlich 1 Mark.
Verantwortliche Schriftleitung Gertrud Jacobi, Theresenstraße 7, Fernruf 6390 u. 7199 • Sprechzeit: Dienstag und Freitag 4–5 Uhr, Holzmarkt 10 I • Geschäftsstelle Jakobikirchplatz 1, Fernsprecher Nr. 0414
Anzeigenpreis nach Vereinbarung • Annahmeschluß Sonnabend 12 Uhr.

1. Jahrgang	Chemnitz, den 1. Oktober 1919.	Nummer 1

Vorspruch

Zur Eröffnung der Chemnitzer Volkshochschule am 9. Februar 1919 gesprochen vom Verfasser Alfr. Erw. Sachse.

Notzeit ist Werdezeit! — Wie einst vor alters
Aus Preußens tiefster Not geboren ward
Unseres Taufkinds ehrwürdige Schwester,
So harrt dies Kind des Krieges und der Sorge,
Bereit den Kuß der Weihe zu empfangen.

Der Wille ward zur Tat! Im Weltgeschehen
Kam über Nacht das Fünkchen zum Erglühen,
Wie lang verhaltene Glut auflodert,
Harmloser Funke wächst zur Riesenflamme,
Licht zu verbreiten bis in die engsten Hütten,
Daß auch der ärmste Sohn des Vaterlands die Brust
Entzünde an dem Brande ihrer Fackel.

Doch nicht in Fesseln zwingender Gesetze —
Freiheit im Lernen, Freiheit in der Lehre —
Soll jedem Bildung und Erkenntnis werden
Von deutscher und von fremder Geistesart,
Von allem, was da groß und herrlich ist
Am breiten Strome der Vergangenheit,
Von allem, was da ist, vom Sein und Werden.

Nur die Erkenntnis des Vergangenen
Lehrt uns die rauhe Gegenwart begreifen
Und führt uns auf der Zukunft fremde Brücke.

Notzeit ist Werdezeit! — Laßt uns Versöhnung
Und laßt uns ritterliche Duldung üben,
Als einer freien Mutter freie Söhne
Des deutschen Bruders freie Meinung achten.
Im Drang nach sittlich hohen Idealen
Geht oft der Beste seine eignen Pfade,
Zur Höhe strebt ein jeder edle Geist.

Und jene Wege nach der Menschheit Höhen
Den Tüchtigsten des Volkes zu bereiten,
Dem Herrenkinde, wie dem Sohn des Kärrners,
Sei unsres Strebens herrlichster Beruf.

So steige wie ein Phönix aus der Asche,
Darein die ungeheure Riesenfaust
Zahlloser Feinde deutsches Land geschlagen,
Als Zeitenbild für kommende Geschlechter
Ein neues Idealbild der Nationen.

Wohlan, herbei, ihr, die ihr kamt, und ihr,
In Scharen harrend auf den Opferrauch,
Der feierlich dem Altar soll entsteigen,
Ihr alle, die des Saales Raum nicht faßt.

Tretet herbei, das Beste nur vom Besten
Sei allen Kindern dieser neuen Zeit,
Ob ihr aus Hütten oder aus Palästen,
Kommt, die ihr nach dem Lichte durstig seid!

Titelseite der ersten Ausgabe der Zeitung der Chemnitzer Volkshochschule, 1919.

Volkshochschule Chemnitz

Ein Rückblick

„Ich kann mit fertigen Menschen nichts anfangen. Es gibt fertigere Menschen denn mich, sicherlich ungezählte. Aber keiner ist fertig, soll je fertig sein." Als Christian Morgenstern vor fast 100 Jahren diese Zeilen schrieb, konnte er nicht wissen, dass die technische Entwicklung im ausgehenden zweiten Jahrtausend ihm von Tag zu Tag mehr Recht gibt. Wer vorgestern noch stolz seinen ersten Computerarbeitsplatz in den Griff bekam, musste sich gestern schon auf dem Datenhighway mit E-Mails und im Internet zurechtfinden. Heute muss er neue Steuerregelungen lernen und sich mit moderner Kunst auseinandersetzen. Nichts bleibt wie es ist, alles ist ständig Veränderungen ausgesetzt.

In den vergangenen Jahren hat die Volkshochschule Chemnitz ihren Teil dazu beigetragen, dass sich die Bürger unserer Stadt und des Umlandes in unserer veränderten Welt leichter zurechtfinden konnten. Dazu gab es Rechts- oder Steuerkurse, Veranstaltungen zur Sozialversicherung und vieles mehr. Aber es gab eben auch Fortbildungen, die einzig dazu dienten, sich im jeweiligen Beruf weiterzubilden, die dazu dienten, vorhandene Chancen in der Arbeitswelt zu nutzen oder sich – im Falle von Arbeitslosigkeit – neue Türen zu öffnen.

Doch die Geschichte dieser Jahre beginnt am 2. Mai 1916. Noch zu Zeiten des Kaiserreiches hatte sich der Verein für Volksbildung zu Chemnitz e. V. gegründet, dessen Aufgabe es sein sollte, eine Volkshochschule ins Leben zu rufen. Seine Arbeit konnte er jedoch erst in der Weimarer Republik aufnehmen. Offizieller Starttermin war der 9. Februar 1919. Damit war die Chemnitzer Volkshochschule bundesweit eine der ersten und in Sachsen die erste, die überhaupt den Lehrbetrieb aufnahm. Auch wenn Chemnitz an der Spitze der Bewegung stand, so reihte sich die hiesige Volkshochschule in den Grundkonsens der deutschen Volkshochschulbewegung ein: ihre Zielgruppe waren die Arbeiter, waren diejenigen, die, aus welchem Grund auch immer, nicht mehr besaßen als die Volksschulbildung. Dr. Hans Keller, Spiritus Rector und langjähriger Leiter der Bildungseinrichtung für Erwachsene hat in den Leitsätzen die „politische und weltanschauliche Neutralität" hervorgehoben. Ein Leitsatz, der die Jahre überdauerte und heute noch gilt. Es mag Zufall gewesen sein, dass Dr. Keller und seine Mitstreiter bei der Eröffnungsfeier „im Festsaale des Reformrealgymnasiums" neben beruflicher und sprachlicher Weiterbildung auch einen weiteren wesentlichen Bestandteil der Volkshochschularbeit – zumindest gesanglich – definierten. Der Männerchor des Gesangsvereins der städtischen Beamten sang Mozarts Stück „O Schutzgeist alles Schönen". Klar, dass somit Kunst, Kultur, Kreativität im Programm der VHS nicht fehlen konnten.

Das Programm der Volkshochschule 1919 stand unter dem Leitmotiv

Chemnitzer VHS-Gründer, Dr. H. Keller.

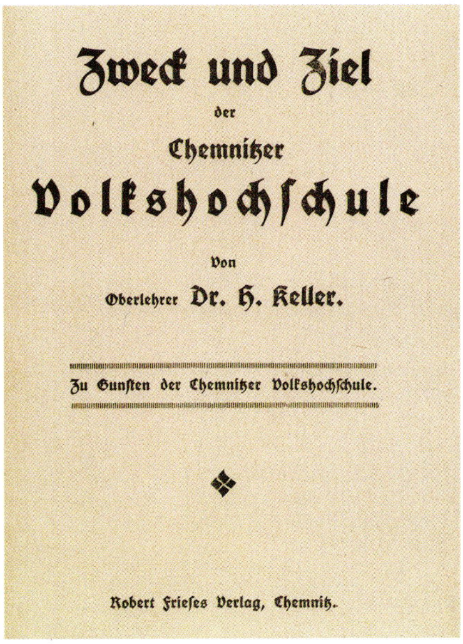

Zweck und Ziel
der
Chemnitzer
Volkshochschule
von
Oberlehrer Dr. H. Keller.

Zu Gunsten der Chemnitzer Volkshochschule.

Robert Frieses Verlag, Chemnitz.

Denkschrift, 1919.

In der Aula des Reformrealgymnasiums fand am 9. Februar 1919 die Gründung der Volkshochschule Chemnitz statt.

Um 1932 befand sich die Volkshochschule Chemnitz in der Friedrichstraße.

Im Hofgebäude der Industrieschule hatte die Volkshochschule Chemnitz bis zu ihrem Umzug ins Tietz 2004 ihren Hauptsitz, Foto um 1930.

„Lernen zu lernen". Rechtsanwalt Siegert spricht über Vermögenssteuern, sein Kollege Rothe über deutsches Familienrecht, Lehrer Körner gibt eine Einführung in Goethes Faust, Dr. Schumann lehrt Geometrie, Dr. Keller Algebra, Herr Ziegler lehrt Buchführung, Herr Beckers macht mathematische Übungen für den Techniker, Herr Gürtler spricht über den besten Weg zu wirksamer Rede- und Schreibweise. Dieses Programm könnte 1919 stattgefunden haben, es könnte aber auch ein Ausschnitt aus den Kursen der aktuellen Semesterplanung sein. Die Inhalte der Kurse mögen andere sein, die Ziele bleiben. Dass die Volkshochschule zur individuellen Weiterentwicklung beitrug, gar 1920 von einem neuen vereinten Europa sprach, „... wird neues geistiges Leben hervorgehen, das unser Volk sich in Gemeinschaft mit anderen europäischen Völkern begründen muss", sich weiterhin weltanschaulicher Neutralität verpflichtet fühlte, wurde ihr in der ausgehenden Weimarer Republik nicht zum Vorteil. Der nationalsozialistische „Kampfbund für deutsche Kultur" gründete 1932 eine Nationale Volkshochschule, die sich gegen den liberalen und humanistischen Geist der Volkshochschule und ihre „marxistischen Lehrer" richtete. An der Spitze des braunen Kampfbundes stand Professor Dr. Martin Staemmler – zuvor Mitglied des Lehrkörpers der Volkshochschule. Mit der Gleichschaltung musste die Volkshochschule im März 1933 ihre Arbeit einstellen.

Am 19. November 1945 war es der Kulturbund zur demokratischen Erneuerung Deutschlands, der die Volkshochschule wieder zum Leben erweckte. Zwar wurde erst im April 1946 die formelle Genehmigung durch die sowjetische Militäradministratur erteilt, doch bis dahin war eben – ganz in der Tradition kreativen Volkshochschulhandelns – das Kulturamt der Stadt Veranstalter.

Zu sozialistischen Zeiten hatte die Volkshochschule auch andere Aufgaben als Dr. Keller sie 1919 definiert hatte. Die berufliche Weiterbildung für Erwachsene zog sich jedoch ebenfalls in diesen Zeiten als roter Faden durch die Arbeit. Eine Journalisten-Vorschule, eine Dolmetscherschule, Bauhandwerk- und Elektrotechnik-Umschulungen standen genauso auf dem Lehrplan wie das Vermitteln der Studienvoraussetzungen für junge Arbeiter. Der verantwortliche Stadtrat Riesner schrieb dazu: „ ... die Volkshochschule [ermöglicht] die Weiterbildung der werktätigen Bevölkerung nach Abschluss des Schulbesuches auf allen wissenschaftlichen und kulturpolitischen Gebieten". Die anderen, neuen Lehrinhalte sind aus heutiger Sicht wenig überraschend. Im ersten Programm nach dem Krieg wird als erster Kurs aufgeführt: Der historische Materialismus. Ihm folgten Kurse über die Sowjetunion und die Geschichte des Sozialismus. Aber auch Musik, Physik und „Frauenprobleme von heute". Der Weg zur zunehmenden Verschulung der Arbeit der Volkshochschule war in den Folgejahren unverkennbar. Die Volkshochschule betreute die Betriebsvolkshochschulen, integrierte die bäuerliche Volkshochschule und wurde 1949 Abendoberschule. Hier konnten reguläre Schulabschlüsse nachgeholt werden. Das Abendgymnasium sollte die Volkshochschularbeit bis zum Juli 1992 begleiten.

Von 1954 bis 1956 war die Volkshochschule dem Ministerium für Kultur zugeordnet, ergo stand „kulturelle Massenarbeit" im Vordergrund. 1956 ging der Weg wieder zurück zum Ministerium für Volksbildung. Es entwikkelte sich ein Stamm festangestellter Lehrer, welcher dem sich veränderten Anforderungsprofil gerecht werden musste. Immer weniger mussten Abschlüsse der 8. oder 10. Klasse nachgeholt werden, was der Volkshochschule den Beinamen „Hilfsschule für Erwachsene" eingebracht hatte. Mehr denn je stand die Abendoberschule im Mittelpunkt. Doch auch andere Kurse, staatlich verordnet, waren Bestandteil des Programms. So fand der „Lehrgang für Helfer der örtlichen Ferienspiele" statt, genauso wie „Vorbereitungsabende zur Ablegung der staatlichen Spielerlaubnis für Laientanzmusiker". Am 13. Oktober 1984 wurde der Volkshochschule durch den Rat der Stadt Karl-Marx-Stadt der Name des Dichters Erich Weinert verliehen. Das damalige Domizil der Geschäftsstelle: eine umgebaute Wohnung in der Straße der Nationen 47. Drei Kurse aus den frühen 1980er Jahren seien genannt, die sich am roten Volkshochschulfaden orientieren und mit leicht veränderten Inhalten und Bezeichnungen noch heute im Programm wiederzufinden sind: Werktätige, die eine Arbeit im Ausland aufnehmen wollten, wurden in Intensivsprachkursen darauf vorbereitet, leitende Angestellte erhielten pädagogisch-psychologische Schulungen, die „Werktätigen aus den sozialistischen Bruderländern" erhielten Deutschkurse.

Marianne Weinert, Tochter von Erich Weinert, mit Rolf Pönisch, Direktor der Volkshochschule, anlässlich der Namensverleihung „Erich Weinert" im Jahre 1984.

Lehrerkollektiv der Volkshochschule, 1984.

Ein modernes Zentrum der Weiterbildung

Die Volkshochschule Chemnitz hat sich in den vergangenen Jahren neu profiliert. Sie ist kommunale Dienstleisterin für die Chemnitzer, muss sich aber dem Weiterbildungsmarkt und damit Konkurrenz stellen. Doch Marktanteile, Umsatz- und Erlösentwicklung, all das sind Dinge, die Volkshochschulgründer Dr. Keller und sein Schatzmeister, Bankdirektor August Hüfner, auch beachten mussten. Die Volkshochschule Chemnitz ist heute mit drei modernen Computerräumen für die Lernbedürfnisse der Chemnitzer im Informationszeitalter gerüstet. 400 qualifizierte Dozenten sorgen dafür, dass die, die es wollen, sich im vereinten Europa in den verschiedensten Sprachen ausdrücken können, sorgen dafür, dass auch heute Goethes Faust gelesen und verstanden werden kann, dass, wer möchte, juristisches Grundwissen erwerben kann. Und: die Urväter der Chemnitzer Erwachsenenbildung sorgten mit günstigen Gebühren dafür, dass finanzielle Barrieren abgebaut wurden oder gar nicht entstanden. Der politische Wille ist auch heute noch, Weiterbildung daran nicht scheitern zu lassen. Mit dem Umzug aus dem Anbau der Industrieschule mit seiner „Hinterhofromantik" in das Herz der Chemnitzer Innenstadt bekennt sich die Stadt Chemnitz eindrucksvoll zu ihrer Volkshochschule. Erstmalig werden sich die Bürger nach 1945 auch in den Räumlichkeiten erwachsenengerecht weiterbilden können. Die Voraussetzungen, die das mit einem großartigen Kraftakt umgebaute Tietz dafür bietet sind beispielhaft: Lichtdurchflutete Etagen, Lachen aus dem Cafe in der dritten Etage, hin und wieder untermalt vom sanften Grollen eines Vulkanausbruches aus der zweiten Etage – eine gedämpfte Geräuschkulisse begleitet die Kunden der Volkshochschule auf dem Weg in die vierte und fünfte Etage. Dort angekommen lohnt es sich, verstohlene Blicke nach rechts und links durch die Glaswände der Kursräume zu werfen: sehen, was dort wohl läuft, ob sich vielleicht ein bekanntes Gesicht in der konzentriert lauschenden Gruppe findet. Und die Raumstrukturen: schräge Wände, kleine Räume, große Räume. Kurz: kein Raum ist wie der andere. Verblüffend auch die „Inseln" in der Nähe der Lichthöfe: diese laden geradezu zum gemütlichen Plaudern, Diskutieren oder auch Nachdenken in den Pausen ein. In der vierten Etage stehen Kreativität und Kommunikation im Mittelpunkt: endlich professionelle Werkstätten für die Kunst. Computerfreaks und solche, die es werden wollen, kommen in dieser Etage auf ihre Kosten. Hier werden auch fast 20 Sprachen gesprochen, in ansprechender Atmosphäre und ohne herkömmliche Schulmöbel. Die fünfte Etage ist der Seele und dem Körper gewidmet: der Treffpunkt für Leute, die bewusst mit beidem umgehen. Von Autogenem Training über Yoga und Wirbelsäulengymnastik in dafür ausgestatteten „Gesundheitsräumen" bis zum Zaubern eines „erotischen Menüs" in der modernen Lehrküche wird diese Etage sicher auch ein Ort der multinationalen Begegnung werden. Dort werden auch die verschiedensten Sprachkurse ihre „kulinarische Veredlung" finden.

Politische Bildung Mensch und Gesellschaft

„Volkshochschule ist örtlicher Anstifter und Impulsgeber für gesellschaftliche und soziale Aktivitäten". „Meine Aufgabe ist immer mehr Vernetzungen zu schaffen". „Wir sind der Resonanzboden für Initiativen". „Die VHS bietet Gruppen, Initiativen, Vereinen eine Plattform". Diese aktuellen Aussagen von Volkshochschulmitarbeitern umreißen das veränderte Aufgabenverständnis politischer Bildung.

Sommerakademie der Volkshochschule, 2002.

Computerkabinett der Volkshochschule, 1999.

Das einst durchweg in Unterrichtsstunden organisierte und messbare Angebot hat sich erweitert und differenziert. Die neuen Aktivitäten sind häufig in Schnittbereichen von Bildungs-, Kultur- und Sozialarbeit, gleichrangig neben die herkömmliche Planung und Durchführung von Kursen, Seminaren und Einzelveranstaltungen getreten. Die politische Bildungsarbeit verlässt die Unterrichtsräume. Mit der Vervielfältigung der Lernorte werden zugleich auch die Formen der Vermittlung, Präsentation, Anregung und Auseinandersetzung lebendiger, vielgestaltiger, öffentlicher. Klar, dass sich damit das Tätigkeitsprofil der Mitarbeiter ändert. Organisation, Mittelakquise und -bewirtschaftung, Beratung, Betreuung, Projektmanagement, Netzwerkarbeit und Kooperation, Öffentlichkeitsarbeit, Mitarbeit in Gremien sowie eine aktive Beteiligung am öffentlichen Leben bestimmen immer mehr den Arbeitsalltag. Die herkömmliche Fachbereichsarbeit mit einem eher didaktischen Planungshandeln wird immer mehr abgelöst durch pädagogisches und soziales Management. Politische Bildung lässt sich daher nicht mehr nur an der Zahl von Unterrichtsstunden messen.

Dies verlangt eine neue Finanzierungspraxis politischer Bildungsarbeit. Zur Unterrichtsstundenfinanzierung müssen Projekt- und Maßnahmeförderung sowie weitere Finanzierungsinstrumente hinzutreten, mit denen sich auch Beratungs- und Unterstützungsleistungen sichern lassen. Ohne eine strukturelle Anerkennung und eine langfristige materielle Absicherung kann diese neue Form politischer Bildungsarbeit nicht ausgebaut und erhalten werden.

Kultur

Kurz nach der Wende war es, ca. 30 rüstige Damen und Herren drehen sich im Kreis, versuchen dem Takt der Musik zu folgen. Mit Verlaub gesagt, die Damen und Herren sind hochrot, wischen sich den Schweiß von der Stirn. Der kleine, wohnzimmerähnliche Raum im damaligen Domizil der VHS auf der Straße der Nationen ist viel zu klein, die Luft wird knapp. Erstmalig war ein Seniorentanzkurs ausgeschrieben worden und niemand hatte mit solch einem Ansturm gerechnet. Die Dozentin versteht es, trotz fast unzumutbarer äußerer Bedingungen, die Teilnehmerinnen und Teilnehmer zu begeistern.

Das Beispiel ist symptomatisch für die Situation in den 90er Jahren. Die Chemnitzerinnen und Chemnitzer halten „ihrer" VHS trotz vieler Provisorien die Treue, da die Dozenten fachlich qualifiziert sind und die Kursinhalte einfach „stimmen".

Der Kulturbereich expandiert. Aus den 11 Kursen pro Semester von 1992 sind 2004 mehr als 150 geworden. Lösungen für erwachsenengerechte Weiterbildung müssen her. Eine Übergangslösung wird mit der Außenstelle Hainstraße gefunden. Endlich ein eigenes Atelier mit Platz für Staffeleien und viel Licht, auch ein Raum zum Tanzen mit Parkettboden und Spiegelwänden. Aber auch diese Räumlichkeiten sind nur ein „Tropfen auf den heißen Stein".

Eine wirkliche „Wende" im bewegten Leben der VHS tritt erst mit ihrem Umzug in das umgebaute Warenhaus Tietz ein. Erstmalig kann der Kunstbereich über Räume verfügen, die anspruchsvoller kultureller Weiterbildung genügen. Eine Keramikwerkstatt mit zwei Brennöfen wartet darauf in Besitz genommen zu werden, Grafikschränke im neuen Atelier werden sich mit Aquarellen, Pastellen und Zeichnungen füllen, die Druckerpresse läuft hoffentlich „heiß". Im Veranstaltungsraum drängen sich die Besucher zu einem Vortrag über die Impressionisten. Der Dozent muss keinen Diaprojektor mehr rumschleppen, modernste Technik ist überall vorhanden. Ein Galeriesystem an den Wänden ermöglicht unkompliziertes und repräsentatives ausstellen von Teilnehmerarbeiten sowie Arbeiten von Dozenten. Damit wird zum ersten mal möglich sein, in VHS-Kursveranstaltungen erzielte Arbeitsergebnisse angemessen und publikumswirksam zu präsentieren. Den Auftakt dieser besonderen Art von Öffentlichkeitsarbeit der VHS wird der Jahres-

Kunststudienreise 2002, Invalidendom Paris.

kurs für Bildende Kunst geben. Im Dezember 2004 werden Arbeiten aus den Bereichen Gestalterische Grundlagen, Malerei, Grafik und Akt von Teilnehmerinnen und Teilnehmern zu sehen sein, die sich ein Jahr intensiv mit Kunst auseinandergesetzt haben.

Mit der Einrichtung eines Kreativzentrums im vierten Obergeschoss des Tietz wird es möglich sein, unabhängig von Reglements anderer Einrichtungen, Veranstaltungen zu unterschiedlichsten Zeiten anzubieten. Damit wird der bisher gezwungenermaßen vernachlässigte Vormittagsbereich aber auch der spätere Abendbereich eine Aufwertung erfahren. Neben den traditionellen Kursen, in denen es um die Vermittlung von Kenntnissen sowie künstlerischen und handwerklichen Fähigkeiten geht, gewinnen projektbezogene Angebote an Bedeutung, die häufig mit veränderten Zeitorganisationsformen einhergehen. So wird z.B. „Eine lange Nacht der Kunst" oder eine „Sommerwerkstattwoche" vorstellbar. Nur wenn die VHS in Zukunft die Pluralität der Interessen bei Themen- und Zeitangeboten berücksichtigt, werden neue Zielgruppen gewonnen werden können.

Kulturelle Bildung wird zunehmend

fächerübergreifend konzipiert und organisiert sein müssen. Dafür bietet das neue Haus Chancen in mehrfacher Hinsicht. So wird es leichter sein, in Grenzbereichen der einzelnen Fachbereiche wie z. B. Kunsttherapie, Landeskunde, Computergrafik u. a. zusammenzuarbeiten. Aber auch die Konzentration mehrerer kultureller Einrichtungen im Tietz bietet Synergieeffekte inhaltlicher Art, die heute noch gar nicht alle absehbar sind. Mit Sicherheit wird der Bereich Literatur, Schreibwerkstätten, Lesungen durch die Bibliotheksnähe gewinnen, in der Neuen Sächsischen Galerie sind mit den vorhandenen Originalen ideale Möglichkeiten für kunsthistorische Betrachtungen gegeben. Darüber hinaus und vor allem bieten die aktuellen Ausstellungen Anlässe für Auseinandersetzung und Sensibilisierung zu Fragen zeitgenössischer Kunst. Auch Exponate des Naturkundemuseums können vielfältige Anregungen für künstlerisches Gestalten geben.

Nicht nur Teilnehmer von Volkshochschulkursen werden von der neuen Einrichtungsqualität des Tietz profitieren. Auch für Dozenten und Mitarbeiter wird das Arbeiten angenehmer. So stehen für Atelier und Werkstätten jetzt Vorbereitungsräume zur Verfügung, die das Bereitstellen von Materialien erleichtern und spezielle methodisch-didaktische Vorbereitungen ermöglichen. Die neuen Arbeitsräume der Fachbereichsleiter sichern, dass Arbeitsabsprachen mit Dozenten und Beratungsgespräche mit Teilnehmern in einer angemessenen, erwachsenenbildungsgerechten Atmosphäre stattfinden können. Die räumliche Nähe von VHS-Mitarbeiter, Dozenten und Kursteilnehmer wird zu einer Aktivierung des gegenseitigen Gedankenaustausches führen. Schnelleres feed back bei Problemen kann zur schnelleren Lösung derselben beitragen.

Gesundheitsförderung

Von der Gesundheitserziehung über die Gesundheitsaufklärung zur Gesundheitsförderung, das sind die Schritte, in denen sich Gesundheitspolitik international entwickelt hat. Mit dem nach neuesten Erkenntnissen errichteten Gesundheitsförderzentrum im Dachgeschoss des Tietz trägt die Volkshochschule Chemnitz dieser Tendenz Rechnung und geht mit der Planung eines „Rehabilitationsbereiches" noch einen Schritt darüber hinaus. Nicht allein Wellness und Fitness sollen zukünftig die Schwerpunkte sein, sondern verstärkt und in noch intensiverer Kooperation mit den Krankenkassen auch die Gesundheitsvorsorge – individuell als auch zugeschnitten auf Betriebe – und die Nachsorge nach Unfall oder Krankheit. Zur Zeit bietet der Fachbereich Gesundheitsförderung mehr als 100 Veranstaltungen zu Ernährung, Bewegung, Entspannung und alternativen Heilmethoden an. Fasten- und Abnehmkurse wie Vorträge zur gesunden Ernährung werden durch Kochkurse ergänzt, die nicht nur den häuslichen Speisezettel erweitern, sondern immer auch die Sinne bereichern – etwa füreinander, wie in der „erotischen Küche", oder für andere Kulturen, wie in der japanischen, indischen oder chinesischen Küche. Die neue Lehrküche im Tietz bietet für all dies ein geeignetes Ambiente. Der Bewegungs- und Gymnastikbereich fächert sich breit von Aerobic über Mutter mit Kind-Gymnastik bis zu Zellulitis. Zum Entspannungsteil zählen neben dem Tai Chi- und Yogaschwerpunkt auch westliche Techniken sowie unterschiedliche Massagearten. Unter den alternativen Heilmethoden wird die Homöopathie besonders gewürdigt. Zu Wort kommen stets aber auch andere alternative Ansätze. Darüber hinaus sind Naturkosmetik, Körperpflegetipps und, als kleine Besonderheit, eine Einführung ins Gerätetauchen mit im Angebot. Viele Angebote aus den Bereichen Ernährung, Bewegung und Entspannung sind von den Krankenkassen als förderwürdig anerkannt und werden daher auf Antrag bezuschusst.

Sprachen

Die Vielfalt der Sprachen und Kulturen entdecken, miteinander reden und sich gegenseitig verstehen. Dazu bie-

Jahreskurs, Bildende Kunst, Porträtzeichnen.

tet der Fachbereich Sprachen und Länderkunde der Volkshochschule Chemnitz Kurse in den Weltsprachen als auch in einer Vielzahl eher selten unterrichteter Sprachen, bis hin zu ganz besonderen Kursen wie etwa Hindi.
Das begleitende landeskundliche Programm gewährt multimedial zusätzliche Einblicke in die Kulturen. Kurse für Einsteiger, Fortgeschrittenenkurse, Auffrischungskurse und Spezialangebote für Geschäftssprache sowie technische oder medizinische Fachsprachen ermöglichen eine individuelle Qualifizierung. Bei Interesse können international anerkannte Zertifikate in vielen Sprachen und auf unterschiedlichen Kenntnisstufen erworben werden. Die Dozenten sind entweder Muttersprachler oder haben die Sprache studiert und entsprechende Auslandserfahrung. Bei der Kurseinstufung hilft eine individuelle Beratung. Zusätzlich orientieren sich Bezeichnung und Inhalt der Kurse am Europäischen Referenzrahmen für Sprachen, einer sechsstufigen Kompetenzskala des Europarates. So sichern wir hohe Qualität. Nicht nur Vokabellisten und trockene Grammatik pauken, sondern lebendige Sprachvermittlung in kleinen Gruppen, die Spaß macht, das ist unser Motto. In Zukunft wird es verstärkt kreativere Kursformen geben. Die Lehrküche ermöglicht kulinarische Sprachangebote, Französisch oder Italienisch ohne Buch, aber mit Kochlöffel. Sprache begreifen mit allen Sinnen, interkulturelles Training inklusive. Auch nationale Feiertage der Zielländer werden stärker in kulturellen Abenden thematisiert. Fremdsprachliche Ausflüge und Reisen erweitern das Programm.
Das Tietz bietet optimale Bedingungen für Mitarbeiterfortbildungen von Unternehmen. Der Fachbereich Sprachen kann eine qualifizierte Ausbildung zur zunehmend geforderten sprachlichen und interkulturellen Kompetenz beisteuern. Projekte mit Partnern aus einer Vielzahl europäischer Länder lassen die Volkshochschule auch als Möglichkeit der Fortbildung im internationalen Kontext in das Bewusstsein rücken.

Beruf

Die Forderung nach beruflicher Mobilität greift an die Wurzeln einer traditionellen Auffassung vom Beruf, wonach die dauerhafte, nach Möglichkeit lebenslange Tätigkeit im erlernten Beruf nicht nur für das Individuum wertvoll und die Persönlichkeit festigend, sondern auch für die Gesellschaft als ein stabilisierender Faktor anzusehen sei. Dennoch ist die Forderung nach Mobilität der Arbeitskräfte angesichts des gesellschaftlichen Wandels aus individueller und gesellschaftlicher Sicht nahezu unverzichtbar, und von daher lässt sich auch die Forderung nach lebenslangem beruflichem Lernen begründen.
Dieser Aufgabe stellt sich die Volkshochschule mit ihrem beruflichen Weiterbildungsangebot. Somit unterstützt sie als kommunaler Bildungsanbieter aktiv den gesellschaftlichen Wandel in der Arbeitswelt.
Das Angebotsspektrum spiegelt sich in der Vermittlung fachlicher Qualifikationen auf den verschiedenen Fachgebieten wieder: Grundlagen der elektronischen Datenverarbeitung, Office-Anwendungen, Betriebssysteme, Programmierung, CAD, Grafik, Multimedia, Internet, Kaufmännische Bildung, Büro und Sekretariat sowie Technik, Mathematik, Natur und Umwelt.
Nicht nur die Vermittlung fachlicher Qualifikationen innerhalb eines feststehenden Kanons steht in der beruflichen Weiterbildung im Vordergrund, sondern immer mehr die Vermittlung von Schlüssel- und Überbrückungsqualifikationen, mit deren Hilfe berufliche Lebensläufe in Passung mit den gesellschaftspolitischen Entwicklungen gebracht werden können.
Zeitgemäße berufliche Bildung bietet daher dreierlei: die Vermittlung fachlicher Qualifikationen, des weiteren – gewissermaßen als Hilfe zur Selbsthilfe – die Schlüsselqualifikationen, um sich weitere berufliche Möglichkeiten zu erschließen, und – für diejenigen, die nicht mehr in der Lage sind, sich selbst zu helfen – anschlussfähige Überbrückungsangebote um berufliche und lebenslaufbedingte Krisen und Brüche zu überwinden.
Zur individuellen Kursplanung werden neben den verschiedenen Kursangeboten die Themen in drei Richtungen differenziert. Den zeitlichen Möglichkeiten entsprechend sind Vormittagskurse, Tageskurse, Abendkurse und Wochenendkurse im Angebot. Ob Anfänger, Fortgeschrittener oder Spezialist – das Kursangebot kann entsprechend den Vorkenntnissen und den individuellen Zielen modular gebucht werden. Verschiedene Zielgruppen, wie zum Beispiel Frauen, Senioren und Jugendliche werden durch spezielle Angebote angesprochen.
Die individuelle Beratung sowie Wissenstests zu den Grundlagen der elektronischen Datenverarbeitung und den Office-Anwendungen (Power Point, Word, Excel, Access) stehen jedem noch unschlüssigen Teilnehmer zur Verfügung.
Natürlich können auch europa- und bundesweit anerkannte Abschlüsse in der beruflichen Bildung ablegt werden, so z. B. „Xpert-European Computer Passport", „Xpert-personal business skills" sowie „Xpert-Geprüfte Fachkraft Finanzbuchführung". Der Europäische ComputerPass vermittelt umfassende Kenntnisse und praktische Fertigkeiten mit gängigen Anwenderprogrammen im Office-Bereich. Er besteht aus mehreren Modulen, die jeweils mit einer europaweit einheitlichen Prüfung abschließen. Mit dem Xpert personal business skills werden Kenntnisse und Fähigkeiten zu den derzeit begehrtesten Schlüsselkompetenzen für Berufstätige in Unternehmen, Verwaltungen und Organisationen vermittelt. Aus den vier Segmenten der Kernkompetenzen „Reden und verhandeln", „Effektiv planen und organisieren", „Gruppenprozesse moderieren" und „Zielgerichtet präsentieren" können individuelle Fortbildungsprofile maßgeschneidert werden. Das Zertifikat Xpert Business „Geprüfte Fachkraft Finanzbuchführung" des Kurs- und Zertifikatssystems Xpert Business besteht aus drei Kursen, die jeweils mit einer bundeseinheitlichen Prüfung abschließen. Verbindliche Qualitätsstandards bei den Xpert-Angeboten sichern einen hohen Verwertungsgrad für den beruflichen Erfolg.

Heike Richter-Beese

Anmerkungen

Anmerkungen zu: Die Familie Tietz - Eine deutsch-jüdische Warenhaus-Dynastie

1. Dieser Aufsatz fußt hinsichtlich der Geschichte der Juden in Deutschland auf Ismar Elbogens: Geschichte der Juden in Deutschland, (Berlin 1935). Professor Ismar Elbogen (geb. am 01.09.1874 in Schildberg / Posen – gest. am 01.08.1943 in New York) galt zu seinen Lebzeiten als einer der besten Kenner der Geschichte der Juden in Deutschland. Bezüglich der Familiengeschichte Tietz wurde Georg Tietz (1889-1953) – ursprünglich nicht zur Veröffentlichung vorgesehenes – Buch: Hermann Tietz. Geschichte einer Familie und ihrer Warenhäuser, (Stuttgart 1965) verwendet. Eine Vielzahl detaillierter Angaben über die Geschichte der Familie Tietz entstammt darüber hinaus Kurt Zielenzigers: Juden in der Deutschen Wirtschaft, (Berlin 1930). Dr. Kurt Zielenziger (geb. am 21.02.1890 in Potsdam – ermordet am 19.07.1944 im Konzentrationslager Bergen-Belsen) war in der Weimarer Republik zunächst Redakteur der Vossischen Zeitung (1923-1929) und anschließend stellvertretender Pressechef der Stadt Berlin (1929-1933). Zielenziger hatte offensichtlich guten Kontakt zu Mitgliedern der Familie Tietz, da seine Arbeit viele präzise Details enthält, die sich in keiner anderen gedruckten Quelle zu diesem Thema finden.
Darüber hinaus wurden vom Verfasser eine Vielzahl von Briefen und Dokumenten aus dem Nachlass von Max Wronker (1892-1966) und Alice Engel (1898-1985) – beide New York – ausgewertet und in diese Darstellung einbezogen.
2. Der Name Tietz könnte auch aus einer Ableitung für „Dietz", „Dietsch" als „der Deutsche" stammen.
3. Aufgrund der Namensähnlichkeit ist anzunehmen, dass Johanna dem alteingesessenen Adelsgeschlecht der Kwilecki angehörte, die zu den reichsten Adelsfamilien in Polen gehörten und seit dem 14. Jahrhundert in Kwilcz, ca. 10 km östlich von Birnbaum, ansässig war.

Anmerkungen zu: Warenhaus H. & C. Tietz Chemnitz

1. Vgl. Georg Tietz: Hermann Tietz. Geschichte einer Familie und ihrer Warenhäuser. Veröffentlichungen des Leo Baeck Instituts. Stuttgart 1965, S. 29 ff. – In diesem Abschnitt erwähnte Georg Tietz zwar das Anschlußgeschäft H. & C. Tietz in Bamberg, bezog dies aber auch irrtümlicherweise auf Nürnberg. Eine Auflösung der Akronyme H. & C. blieb er der Nachwelt schuldig.
2. Thüringisches Staatsarchiv Greiz: Handelsregister A 639. – Die Fa. Heinrich Tietz in Greiz wurde zunächst als Zweigniederlassung der in Birnbaum bestehenden Hauptniederlassung errichtet. 1900 wurde sie in eine Kommanditgesellschaft umgewandelt. Julius Tietz veranlasste nach dem Tode seines Bruders Heinrich im März 1910 die Übergabe des Geschäftes an den bisherigen Kommanditisten Eduard Lippmann, der dieses unter unveränderter Firma bis zur Arisierung im Herbst 1938 fortführte.
3. Stadtarchiv Plauen: Stätten jüdischer Geschichte und Kultur in Plauen. Dokumentation zur jüdischen Geschichte in Plauen. [Unveröffentlichtes Manuskript]. Plauen 2001.
4. Vgl. Herbert Loebl: Juden in Bamberg. Die Jahrzehnte vor dem Holocaust. Bamberg 1999, S. 235f.
5. Stadtarchiv Chemnitz: Handelsregister 5486. Vgl. auch Chemnitzer Tageblatt und Anzeiger. Nr. 67, 11. Februar 1904.
6. Geschäftshaus H. & C. Tietz. In: Chemnitz in Wort und Bild. Festschrift zur Einweihung des Neuen Rathauses. Chemnitz 1911, S. 175f.
7. Ebenda
8. Stadtarchiv Chemnitz: Handelsregister 6413.
9. Stadtarchiv Chemnitz: Handelsregister 6590.
10. Bauaktenarchiv Chemnitz: Warenhaus H. &. C. Tietz, Bauakte Bahnhofstraße 25.
11. Ebenda.
12. Ebenda.
13. Ebenda.
14. Amtsgericht Chemnitz. Grundbuchamt: Nr. 2119 (Poststraße 25).
15. Bauaktenarchiv Chemnitz: Bauakte Warenhaus H. &. C. Tietz, Bahnhofstraße 25.
16. Ebenda.
17. Vgl. Dankhard Remmler: Centrum - Warenhaus Otto-Grotewohl-Straße in Karl-Marx-Stadt, ehemaliges Warenhaus H. & C. Tietz, Poststraße in Chemnitz, 1912-1913 von Wilhelm Kreis. Studentische Arbeit am Institut für Baugeschichte, Architekturtheorie und Denkmalpflege der TU Dresden 1987. [Maschinenschrift], S. 18.
18. Bauaktenarchiv Chemnitz: Bauakte Warenhaus H. &. C. Tietz, Bahnhofstraße 25.
19. Helga Behn: Die Architektur des deutschen Warenhauses von ihren Anfängen bis 1933. Phil. Diss., Univ. Köln 1984, S.100.
20. Chemnitzer Tageblatt und Anzeiger. Nr. 283, 13. Oktober 1913.
21. Eröffnung des Warenhauses Tietz. In: Chemnitzer Tageblatt und Anzeiger. Nr. 294, 24. Oktober 1913.
22. Warenhaus H. & C. Tietz, Chemnitz. In: Die Kreishauptmannschaft Chemnitz und ihre Jubiläumsfirmen. Leipzig 1929, S. 2 ff.
23. Bauaktenarchiv Chemnitz: Bauakte Warenhaus H. &. C. Tietz, Bahnhofstraße 25.
24. Ebenda.
25. Chemnitzer Kalender 1922. Jahrbuch für Industrie und Handel. Geschäfts- und Familienhandbuch. Hrsg.: Chemnitzer Tageblatt. Chemnitz 1922, S. 127 u. 142.
26. Stadtarchiv Chemnitz: Handelsregister 9058. – Vgl. auch Erlebniswelt Kaufhof. Ein Warenhaus in Deutschland. Hrsg.: Kaufhof Warenhaus AG. Köln 2001.
27. Stadtarchiv Chemnitz: Handelsregister 7602. - Die Inhaber der Berliner Fa. Gebr. Tietz wurden im Juni 1927 Kommanditisten des Frankfurter Wirkerei- und Strickereiunternehmens Ferd. Dreyfuß & Moritz, das von 1919 bis 1930 mit einer Niederlassung in Chemnitz vertreten war.
28. Erich Basarke. Mit einleitendem Text von A. Höver. Chemnitz [1928], S. XII.
29. Warenhaus H. & C. Tietz, Chemnitz. In: Die Kreishauptmannschaft Chemnitz und ihre Jubiläumsfirmen. Leipzig 1929, S. 3.
30. Allgemeine Zeitung. Chemnitz. Nr. 247, 20. Oktober 1928.
31. Vgl. Fünfzig Jahre Leonhard Tietz 1879-1929. Köln [1929], S. 21.
32. Chemnitzer Neueste Nachrichten. Nr. 134, 12. Juni 1931.
33. Vgl. Adolf Diamant: Chronik der Juden in Chemnitz, heute Karl-Marx-Stadt. Aufstieg und Untergang einer jüdischen Gemeinde in Sachsen, Frankfurt (M.) 1970, S. 45.
34. Vgl. Simone Ladwig-Winters: Wertheim – ein Warenhausunternehmen und seine Eigentümer. Ein Beispiel der Entwicklung der Berliner Warenhäuser bis zur „Arisierung". München 1997, S. 149 ff.

35. Die Liste der jüdischen Geschäfte, Rechtsanwälte und Ärzte. In: Chemnitzer Tageblatt und Anzeiger. Nr. 92, 2. April 1933.
36. Vgl. Werner Kreschnak: Die Verfolgung der Juden in Chemnitz während der faschistischen Diktatur von 1933 bis 1945. Ein Beitrag zum 50. Jahrestag der faschistischen Pogromnacht. Karl-Marx-Stadt 1988, S. 10.
37. Vgl. Familie Weiner: Jürgen Nitsche u. Ruth Röcher (Hrsg.): Juden in Chemnitz. Die Geschichte der Gemeinde und ihrer Mitglieder. Dresden 2002, S. 430 ff.
38. Auskunft: Ilse Rewald, Berlin, 25. Juli 2004.
39. Vgl. z.B. Jüdisches Gemeindeblatt für Mittelsachsen. Chemnitz-Annaberg-Zwickau-Plauen. Chemnitz. Nr. 25, 3. September 1937.
40. Bauaktenarchiv Chemnitz: Bauakte Warenhaus H. &. C. Tietz, Bahnhofstraße 25.
41. Jüdische Gemeinde Chemnitz. Archiv: Manfred Fürstenheim an Jüdische Gemeinde Dresden, 25. März 1990.
42. Stadtarchiv Chemnitz: Rat der Stadt 1928-45, Nr. 1590/1/3.
43. Allgemeine Zeitung. Chemnitz. Nr. 100, 30. April / 1. Mai 1938. – Überliefert ist, daß die Else Kreißig in Nachahmung des gefeierten UFA-Stars, der Schauspielerin und Tänzerin La Jana (eigtl. Henny Hiebel, 1905-1940), auf dem Dach des Warenhauses einen Tanz vorführen wollte.
44. Vgl. Jürgen Nitsche: Vertreibung und Ermordung der Chemnitzer Juden. In: Juden in Chemnitz, S. 151 -159.
45. Allgemeine Zeitung. Chemnitz. Nr. 263, 11. November 1938.
46. Institut für Zeitgeschichte München. Archiv: Gm 05.11. 47. Addi Jacobi: Noch kein Platz für Bronzetafel. In: Freie Presse. Chemnitz. 9. November 2000.
48. Sächsisches Staatsarchiv Chemnitz: Rat des Bezirkes, 30413, Nr. 2467. – Dr. Carl Walter Müller (1899-1957), der einer Chemnitzer Bäckermeisterfamilie entstammte, schloss sich frühzeitig der SPD an. In den 1920er Jahren übernahm er eine leitende Tätigkeit innerhalb des Allgemeinen Sächsischen Siedlerverbandes in Dresden. Seit Januar 1930 gehörte er dem Dresdner Stadtverordnetenkollegium an. Auf die fristlose Entlassung im März 1933 folgten Schutzhaft, Misshandlung und Arbeitssuche. Bis August 1935 war er Steuerberater in Berlin. Im Folgemonat folgte er den Ruf seiner Familie nach Chemnitz. Vom Februar 1936 bis August 1939 war er für die Fa. H. & C. Tietz resp. deren Konkursverwaltung tätig. Nach über 15 Monaten Heeresdienst wurde er im Dezember 1940 Prokurist in der Fa. Bruno Schellenberger. Im Zusammenhang mit den Ereignissen des 20. Juli 1944 wurde Dr. Müller erneut verhaftet und für einen Monat ins KZ Sachsenhausen – Oranienburg verschleppt.
49. Stadtarchiv Chemnitz: Rat der Stadt 1928-45, Nr. 1407/8.
50. Vgl. Judenfreie Wirtschaft. In: Chemnitzer Tageblatt und Anzeiger. Nr. 312, 14. November 1938. - Schnelle Durchführung der Arisierung. In: Chemnitzer Tageszeitung. Nr. 272, 22. November 1938.
51. Konkurs Tietz & Co., Frankfurt (M.) und H. & C. Tietz, Bamberg und Chemnitz. In: Textil-Zeitung. Berlin. Nr. 210, 2. September 1939.
52. Frank Hofmann u.a.: Kurzdokumentation zur Geschichte der Chemnitzer Warenhäuser. Erstellt im Auftrag der Kaufhof Warenhaus AG. Chemnitz 1991. o. S.

Anmerkungen zu: Wilhelm Kreis - Architekt des Warenhauses H. & C. Tietz

1. Eine umfangreiche Sammlung von Aufsätzen zu Wilhelm Kreis und weiterführende Literaturhinweise findet man u. a. in: Winfried Nerdinger u. Ekkhard Mai (Hrsg.): Wilhelm Kreis. Architekt zwischen Kaiserreich und Demokratie 1873-1955. München-Berlin 1994. Weiterhin in: Helga Behn: Die Architektur des deutschen Warenhauses von ihren Anfängen bis 1933. Diss., Univ. Köln 1984 und bei Friedrich K.H.M. Franken: Kontinuität und Wandel im Leben und Werk des Architekten Wilhelm H. Kreis. Diss., TH Aachen 1996.
2. Winfried Nerdinger: Wilhelm Kreis - Repräsentant der deutschen Architektur im 20. Jahrhundert. In: Winfried Nerdinger u. Ekkhard Mai (Hrsg.): Wilhelm Kreis. Architekt zwischen Kaiserreich und Demokratie 1873-1955. München – Berlin 1994, S. 9.
3. Wilhelm Kreis: Wilhelm Kreis. [Nachdruck der Ausgabe v. Berlin – Leipzig – Wien 1927]. Mit einem Nachwort zur Neuausgabe von Achim Preiß. Berlin 1997, S. XII.
4. Ralf Schiller: Werkkatalog. In: Winfried Nerdinger u. Ekkhard Mai (Hrsg.): Wilhelm Kreis. Architekt zwischen Kaiserreich und Demokratie 1873-1955. München – Berlin 1994, S. 225.
5. Hans K. F. Mayer u. Gerhard Rehder: Wilhelm Kreis. Architekt in dieser Zeit. Leben und Werk. Essen 1953, S.15.
6. Vgl. Anm. 4.
7. Vgl. Anm. 3, S. I.
8. Ebenda, S. III.
9. Richard Katz: Wilhelm Kreis. Seine Ideen und ausgeführten Werke. Stuttgart 1902.
10. Vgl. Heidrun Laudel: Entwicklung der Raumkunst in Dresden zu Beginn des 20. Jahrhunderts. In: Winfried Nerdinger u. Ekkhard Mai (Hrsg.): Wilhelm Kreis. Architekt zwischen Kaiserreich und Demokratie 1873-1955. München - Berlin 1994, S. 44 ff.
11. Vgl. Anm. 4, S. 307.
12. Carl Meißner: Wilhelm Kreis. Charakterbilder der neuen Kunst. Bd. VI. Essen 1925.
13. Vgl. Sabine Schulte: Das Deutsche Hygiene-Museum in Dresden von Wilhelm Kreis: Biographie eines Museums der Weimarer Republik. Diss., Univ. Bonn 2001. – Wilhelm Kreis: Das Deutsche Hygiene-Museum in Dresden. [Reprint der Ausgabe v. Berlin – Leipzig – Wien 1930]. Mit einem Geleitwort von Georg Seiring und Beiträgen von Martin R. Möbius und Walther Schulze sowie einem Nachwort zur Neuausgabe von Sabine Schulte. Berlin 2001. – Achim Preiss: Das Museum und seine Architektur: Wilhelm Kreis und der Museumsbau in der ersten Hälfte des 20. Jahrhunderts. Alfter 1993.
14. Vgl. Anm. 4, S. 223 ff.
15. Helmut Arntz. Der Patenonkel. In: Winfried Nerdinger u. Ekkhard Mai (Hrsg.): Wilhelm Kreis. Architekt zwischen Kaiserreich und Demokratie 1873-1955. München – Berlin 1994, S. 215.
16. Hans Stephan: Deutsche Künstler unserer Zeit. Wilhelm Kreis. Mit einem Geleitwort von Albert Speer. Oldenburg 1944.
17. Vgl. Anm. 15, S. 219.
18. Hans K. F. Mayer u. Gerhard Rehder: Wilhelm Kreis. Architekt in dieser Zeit. Leben und Werk. Essen 1953, S. 32.
19. Chronologisch sind von Wilhelm Kreis folgende Warenhausprojekte nachweisbar:
1906-1909 Warenhaus Leonhard Tietz in Düsseldorf, gebaut von J. M. Olbrich
1908 Entwurf für ein Warenhaus in Barmen, nicht von Kreis ausgeführt
1910-1911 Warenhaus Theodor Althoff in Dortmund
1911-1912 Warenhaus Theodor Althoff in Essen
1911-1912 Warenhaus Leonhard Tietz in Elberfeld
1911-1913 Warenhaus H. & C. Tietz in Chemnitz
1911-1914 Warenhaus Leonhard Tietz in Köln
1912-1914 Warenhaus Geschwister Knopf in Karlsruhe
1914-1915 Geschäftshaus Textilfabrik Dhein in Krefeld
1923 Entwurf für ein Warenhaus in Holland, nicht von Kreis ausgeführt

Nach 1945 Umbauten an den ehemaligen Leonhard Tietz Warenhäusern in Köln und Wuppertal-Elberfeld
20. Helga Behn: Öffentliche Bauten im Kaiserreich. In: Winfried Nerdinger u. Ekkhard Mai (Hrsg.): Wilhelm Kreis. Architekt zwischen Kaiserreich und Demokratie 1873-1955. München - Berlin 1994, S. 86 sowie Chemnitzer Tageblatt und Anzeiger. Nr. 292, 22. Oktober 1913.
21. Joseph M. Olbrich: Das Warenhaus Tietz in Düsseldorf. Berlin 1909, S. 13.
22. Ebenda.
23. Hermann Schöndorff: Der moderne Geschäftsneubau und seine Einrichtungen. In: Kauf- und Warenhäuser aus aller Welt. Ihre Architektur und Betriebseinrichtungen. Bearbeitet von Georg Grimm. 4. Aufl., Berlin 1928, S. 13 ff. Zum Wirken der Gebr. Schöndorff AG im Warenhausbau siehe Eberhard Grunsky: Beispiele früher Warenhaus- und Kaufhausbauten im Ruhrgebiet und ihre großen Vorbilder. In: Westfalen. 72. Band. Münster 1994, S. 462-475.
Neben der Bautätigkeit befasste sich die Gebrüder Schöndorff AG, die um 1914 etwa 1200 Beschäftigte hatte, seit 1917 auch mit dem Lokomotiv- und Waggonbau. In den 1920er Jahren war Schöndorff am Erfolg der Rudolf Karstadt AG wesentlich beteiligt und stieg zu deren alles beherrschenden „Generaldirektor" auf. In der Zeit der Weltwirtschaftskrise führten Fehlentwicklungen im Karstadtkonzern zu seiner Entmachtung. Bereits unmittelbar nach der NS-Machtübernahme entschloß sich Schöndorff, Deutschland zu verlassen. Vgl. dazu: Rudolf Lenz: Karstadt – ein deutscher Warenhauskonzern, 1920-1950. Stuttgart 1995, S. 77 ff.
Neben der ehemaligen Villa Schöndorff in Berlin befindet sich heute die neue Botschaft von Israel.
24. Bei den Recherchen konnte die ursächliche Verbindung zwischen Gustav Gerst als wohl letztendlichen Auftraggeber und den für ihn als die faktischen Bauherren fungierenden Hermann Schöndorff sowie Sali Kaufmann an Hand von Dokumenten nicht aufgedeckt werden. Als sicher gilt jedoch, dass das Unternehmen der Gebrüder Schöndorff bereits die Innenausstattung des 1910 in Bamberg errichteten Warenhaus H. & C. Tietz ausführte. Auch bestanden zwischen den verschiedenen Mitgliedern der Tietz-Familien Kontakte. Ein Bezug wäre hier zu Leonhard Tietz bzw. seiner Familie in Köln möglich. Der Großneffe von Wilhelm Kreis, Helmut Arntz, berichtet von einer generösen Beziehung, die Leonhard Tietz für Wilhelm Kreis hegte. Das Grabmahl von Leonhard Tietz wurde von Wilhelm Kreis gestaltet. Vgl. Anm. 15, S. 211 u. 220.
25. Vgl. Anm. 20, S. 83.
26. Ebenda, S. 85.
27. Bauaktenarchiv Chemnitz: Bauakte Warenhaus H. & C. Tietz, Bahnhofstraße 25.
28. Ausführliche Baubeschreibung des Gebäudes siehe: Dankhard Remmler: Centrum - Warenhaus Otto-Grotewohl-Straße in Karl-Marx-Stadt, ehemaliges Warenhaus H. & C. Tietz, Postraße in Chemnitz, 1912-1913 von Wilhelm Kreis. ... S.20 ff.
29. In den Projektausführungen des Jahres 1912 befindet sich an dieser Stelle noch keine Plastik. Sie wird aber im Verlauf des Jahres 1913 mit in das Projekt integriert. Die Plastik schuf der Düsseldorfer Bildhauer Johannes Knubel. Ausführlicher dazu im Kapitel:
Das Tietz – Denkmalpflege und Sanierung.
30. Vgl. Anm. 28 sowie Anm. 20, S. 86.
31. Vgl. Bauaktenarchiv Chemnitz: Bauakte Warenhaus H. & C. Tietz, Bahnhofstraße 25.
32. Das neue Warenhaus H. & C. Tietz in Chemnitz i. Sa. In: Architektur und Schaufenster. Zeitschrift für moderne Schaufensterdekoration und neuzeitlichen Geschäftshausbau. Berlin. Nr. 192, Dezember 1913, S. 5.
33. Ebenda, S. 7.
34. Vgl. Anm. 28, S. 21 ff.
35. Vgl. Anm. 23, S. 217 ff.
36. Vgl. Anm. 33 u. Anm. 21, S. 16.
37. Volkstimme. Chemnitz, 24. Oktober 1913.
38. Chemnitzer Tageblatt und Anzeiger. Nr. 289, 19. Oktober 1913.

Anmerkungen zu: Das Warenhaus zwischen Erwa und Kaufhof

1. Vgl. Dankhard Remmler: Centrum - Warenhaus Otto-Grotewohl-Straße in Karl-Marx-Stadt, ehemaliges Warenhaus H. & C. Tietz, Poststraße in Chemnitz, 1912-1913 von Wilhelm Kreis. Studentische Arbeit am Institut für Baugeschichte, Architekturtheorie und Denkmalpflege der TU Dresden 1987. [Maschinenschrift], S. 19.
2. Stadtarchiv Chemnitz: Rat der Stadt 1945-90. 11. Ratssitzung v. 8. Oktober 1945.
3. Sächsisches Staatsarchiv Chemnitz: Rat des Bezirkes, 30413, Nr. 2467.
4. Siehe Anm. 2.
5. Ebenda.
6. Bauaktenarchiv Chemnitz: Bauakte Moritzstraße 20.
7. Wieder Warenhaus Tietz! Volksstimme. Chemnitz. Nr. 69, 1. Dezember 1945.
8. Stadtarchiv Chemnitz: Handelsregister A 3659.
9. Bauaktenarchiv Chemnitz: Bauakte Warenhaus H. &. C. Tietz, Bahnhofstraße 25.
10. Vgl. u.a. Volksstimme. Chemnitz. Nr. 91, 20. April 1949. – Die auf wenige Wochen befristete Sonderverkaufsaktion „Waren ohne Punkte", die anfangs unter der Regie der Staatlichen Handelsorganisation (HO) stattfand, begann am 6. April 1949 zeitgleich in Dresden, Leipzig, Chemnitz, Zwickau, Plauen und Görlitz. Verkauft wurden vor allem Kleider- u. Bezugsstoffe sowie modische Woll- u. Kurzwaren. Die Mangelwaren, die zu niedrigen Preisen angeboten, fanden reißenden Absatz in der Bevölkerung. Im Mai boten auch die Verkaufsstellen des Konsumgenossenschaftsverbandes (u.a. Kaufstätte Merkur) vorübergehend preisreduzierte Waren „ohne Punkte" resp. „punktfrei" an.
11. Bauaktenarchiv Chemnitz: Bauakte Warenhaus H. &. C. Tietz, Bahnhofstraße 25.
12. Bauaktenarchiv Chemnitz. Bauakte Moritzstraße 20.
13. Bauaktenarchiv Chemnitz: Bauakte Warenhaus H. &. C. Tietz, Bahnhofstraße 25.
14. Stadtarchiv Chemnitz: Rat der Stadt 1945-90. Nr. 5820.
15. Stadtarchiv Chemnitz: Handelsregister A 876.
16. Warenhaus H. & C. Tietz. In: Franz Fichtl, Stephan Link, Herbert May und Sylvia Schaible: „Bambergs Wirtschaft judenfrei". Die Verdrängung der jüdischen Geschäftsleute in den Jahren 1933 bis 1939. Bamberg 1998, S. 377 ff.
17. Sächsisches Staatsarchiv Chemnitz. Rat des Bezirkes, 30413, Nr. 13059.
18. Vgl. Dankhard Remmler: Centrum-Warenhaus Otto-Grotewohl-Straße in Karl-Marx-Stadt, ... S.19 ff. u. 32ff.
19. Frank Hofmann: Unser Warenhaus an der Otto-Grotewohl-Straße. In: Pulsschlag. Karl-Marx-Stadt. Nrn. 3-5, März - April 1988.
20. Max Kleinert, Chronik des Centrum-Warenhauses Karl-Marx-Stadt, Teil I 1928-1948, Teil II 1949-1973, Maschinenschrift, 1973.
21. Gespräch mit Werner Wendisch am 2. Juni 2004.
22. Dankhard Remmler: Centrum - Warenhaus Otto-Grotewohl-Straße in Karl-Marx-Stadt, ... S. 33.
23. Vgl. Freie Presse, 28. März 1963.
24. Vgl. Familie Rotstein. In: Jürgen Nitsche u. Ruth Röcher (Hrsg.): Juden in Chemnitz. Die Geschichte der Gemeinde und ihrer Mitglieder. Dresden 2002, S. 306 ff..

Abbildungsverzeichnis

Dr. Stefan Appelius: S. 13.o.m., 15. (Copyright für alle Rechte dieser Bilder liegen bei Dr. Stefan Appelius).
Armin Beyer: S. 40.
C & E Consulting und Engineering GmbH, Chemnitz, Unternehmensarchiv: 82 u., 86, 87.
Sammlung Klaus Fuhrmann: S. 38 u. l., 64 o. r., 66 o.
Grundstücks- und Gebäudewirtschafts-Gesellschaft m.b.H., Unternehmensarchiv: S. 6.
Deutsche Staatsbibliothek Berlin, Preußischer Kulturbesitz: S. 58 o.l., 61 o.
IproPlan GmbH Chemnitz, Unternehmensarchiv: S. 62, 65 l. m., 65 l. u., 67, 70 o., 72, 73 u., 73 o. r.
KarstadtQuelle AG, Essen, Unternehmensarchiv: S. 26 u., 27 m., 27 u.
Kaufhof Galeria Chemnitz, Unternehmensarchiv: S. 75 o.
Sammlung Ulrich Liebe: S. 25 m., 36/37, 54 u., 55 u., 81.
G. Mühlbach: S. 32 m.
Museum für Naturkunde Chemnitz: S. 93, 94, 95, 96, 97, 98, 99.
Museum für Naturkunde Chemnitz, Fotos Jürgen Gerhardt: S. 8, 9, 92.
Sammlung Dr. Jürgen Nitsche: S. 30 o., 33 o., 38 o., 64 o. l., 74.
Neue Sächsische Galerie, Chemnitz: S. 100, 102, 103, 104, 105.
Ilse Rewald: S. 40 o.
Siegfried Reichel: S. 39 r.
William Rudolph (Dr. Herbert Loebl): S.13 o.l., 21, Vorsatz 3
Sächsisches Staatsarchiv Chemnitz: S. 65 o r.
Schlossbergmuseum Chemnitz, Bildarchiv: S. 63.
Stadtbibliothek Chemnitz: S. 3, 101, 107 u., 108, 110 u.
Stadtbibliothek Chemnitz, Foto: Ronald Bartel: S. 110 o.
Stadtbibliothek Chemnitz, Fotos: Thoralf Lipmmann: S. 106, 111, 112, 113.
Stadtbibliothek Chemnitz, Fotos: May Voigt: S. 107 u. r., 109 o., 109 u.
Stadtverwaltung Chemnitz: S. 7.
Stadtverwaltung Chemnitz, Stadtarchiv, Bildarchiv: S. 28 o., 114, 115 u.r., 116 m.
Stadtverwaltung Chemnitz, Stadtarchiv, Sammlung Klaus Fuhrmann: S. 32 u., 38 u. r., 39 o., 39 u. l.
Stadtverwaltung Chemnitz: Untere Denkmalschutzbehörde: S. 66 u., 75 u., 83 o., 83 m.
Stadtverwaltung Prenzlau: Stadtarchiv S. 20 o.
Steffen Thieme: S. 64 u.,
Archiv Verlag Heimatland Sachsen GmbH Chemnitz: S. 10, 11, 12, 13 o.r., 13 u., 14, 16,17, 18, 19, 20 u., 22, 23, 25 u., 26 o., 27 o., 28 u., 29, 30 u., 31, 32 o., 33 u., 34, 40 u. r., 41, 42, 43, 44, 45, 46, 47, 48, 49, 51,52, 53, 54 o., 58 o. r., 59, 60, 61 u., 76, 78, 79, 80, 82 o., 84, 85, 88, 89, 90, 91, 116 o., 116 u., Titel.
Volkshochschule Chemnitz: S. 115 u. l., 117, 118, 119, 120.
Sammlung Türmer Stefan Weber: S. 24.
Sammlung Werner Wendisch: S. 65 u. r., 68, 69, 70 u., 71 u., 73 o. l., 83 u.
Wilhelm-Kreis-Archiv, Bad Honnef: S. 50, 55 o., 56, 57.

Autorenverzeichnis

Stefan Appelius, Jg. 1963,
Priv.-Doz. Dr. rer. pol. habil., lehrt Politikwissenschaft mit den Schwerpunkten Parteien und Medien; Zeitgeschichte an der Universität Oldenburg. Zahlreiche Buch- und Zeitungsveröffentlichungen, Fernsehfilme und Hörfunksendungen. Momentan bereitet er u. a. eine Biographie der Unternehmerfamilie Tietz vor. Lebt in Potsdam.

Elke Beer, Jg. 1957,
Bibliothekarin, Direktorin der Stadtbibliothek Chemnitz.

Tino Fritsche, Jg. 1961,
Dipl.-Ing., Architekt, Chefarchitekt für die Sanierung und Rekonstruktion des Tietz 2000 bis 2004, Mitglied der Geschäftsleitung C & E Consulting und Engineering GmbH, Chemnitz.

Frank Hofmann, Jg. 1956,
Dipl.-Ing.-oec., Verwaltungsangestellter an der TU Chemnitz, Büro für Arbeitssicherheit und Umweltschutz. Von 1981 bis 1993 Mitarbeiter im Bereich Rationalisierung/Technik (Centrum) und Hausverwaltung (Kaufhof). 1991 Erarbeitung einer Studie zur Baugeschichte und zu den Eigentumsverhältnissen des Warenhauses.

Mathias Lindner, Jg. 1965,
Schrift- und Grafikmaler in Schwerin, Studium Kunstgeschichte, Soziologie, Philosophie und Kulturmanagement in Berlin, Projektarbeit in Berlin (u. a. Kunstwettbewerb für den U-Bahnhof Alexanderplatz) und Hamburg, seit 2003 Direktor der neuen Sächsischen Galerie.

Thomas Morgenstern, Jg. 1954,
Dipl.-Ing. Architekt, Leiter der Denkmalschutzbehörde der Stadt Chemnitz.

Jürgen Nitsche, Jg. 1958,
Dr. phil., Dipl.-Historiker, bis 2002 wiss. Mitarbeiter der Jüdischen Gemeinde Chemnitz, bis 1991 wiss. Assistent an der Universität Jena, dort Mitarbeit in der Arbeitsgruppe MEGA-Edition, Veröffentlichungen zur Geschichte der Chemnitzer Juden und zu bedeutenden Persönlichkeiten der Stadt. Mitarbeit am Dokumentarfilm „Die Soldaten mit dem ‚halben Stern'. Als ‚jüdische Mischlinge' in der Wehrmacht". Momentan Mitarbeit an Dokumentationen über verfolgte Mediziner in Sachsen 1933-1945 sowie Verbrechen der NS-Euthanasie im Regierungsbezirk Chemnitz.

Jörn Richter, Jg. 1959,
Dipl.-Historiker, Geschäftsführer Verlag Heimatland Sachsen GmbH Chemnitz.

Heike Richter-Beese, Jg. 1965,
Dipl.-Ing.-Paed., Leiterin der Volkshochschule Chemnitz, unter Mitarbeit von Jurist Joachim Hegemann, M.A. Manuela Zenker, Dr. rer. nat. Lutz Schuhmacher sowie Dr. paed. Ulrike Uhlig.

Ronny Rößler, Jg. 1965,
Priv.-Doz. Dr. rer. nat. habil., Studium der Geologie an der TU Bergakademie Freiberg, Lehrauftrag für Paläobotanik an der TU Bergakademie Freiberg, seit 1995 Direktor des Museums für Naturkunde in Chemnitz. Herausgabe des Buches: Der Versteinerte Wald von Chemnitz, 2001.

Danksagung

Der Verlag möchte sich bei allen Personen und Institutionen bedanken, durch deren Mitarbeit und Unterstützung die Veröffentlichung dieses Buches ermöglicht wurde:

Yvonne Adler *(USA)*, Dr. Stefan Appelius *(Potsdam)*, Prof. Helmut Arntz *(Bad Honnef)*, Regine Bartel *(Chemnitz)*, Bauaktenarchiv Chemnitz, Christine Bauer *(Chemnitz)*, Elke Beer, *(Chemnitz)*, Dr. Helga Behn *(Köln)*, Armin Beyer *(Chemnitz)*, Evelyne Brauchler *(Prenzlau)*, Heike Brümmer *(Berlin)*, Peter Brümmer *(Berlin)*, Franz T. Cohn (Schweden), Christian Donth *(Galeria Kaufhof, Chemnitz)*, Viola Dörffeldt *(Chemnitz)*, Ursula Düring *(Chemnitz)*, Susan Edel *(Israel)*, Wolfgang Epperlein *(Chemnitz)*, Andrea Esche *(Thüringisches Staatsarchiv Greiz)*, Uwe Fiedler *(Chemnitz)*, Dr. Peter und Eva Fischer *(Berlin)*, Anni Fleiß *(England)*, Conrad G. Frank *(USA)*, Herta Frenkel-Tietz *(Holland)*, Tino Fritsche *(Chemnitz)*, Klaus Fuhrmann *(Chemnitz)*, Julia Furston *(USA)*, Dr. Dieter Füsslein *(Chemnitz)*, Theo Geier *(Chemnitz)*, Grit Graupner *(Thüringisches Hauptstaatsarchiv Weimar)*, Kathrin Grunert *(Annaberg)*, Prof. Eberhard Grunsky *(Münster)*, Winfried Günther *(Köln)*, Bettina Haller *(Chemnitz)*, Sabine Hank *(Archiv des Centrum Judaicum Berlin)*, Uwe Hastreiter *(Chemnitz)*, Karin Hentschel *(Berlin)*, Horst-R. Herning *(Borken)*, Erik Hirschfeld *(Schweden)*, Frank Hofmann *(Chemnitz)*, IproPlan GmbH Chemnitz, Gerhard Jacoby *(Schweden)*, Gerhard Jochem *(Nürnberg)*, Jüdische Gemeinde zu Berlin, Jüdischer Friedhof Berlin-Weißensee, KarstadtQuelle AG *(Essen)*, Karl Heinz Knubel *(Münster)*, Prof. Franz Rudolf Knubel *(Essen)*, Hanna Kohn *(Chemnitz)*, Eva Lamm-Ruben *(USA)*, Dr. Heidrun Laudel *(Dresden)*, Ulrich Liebe *(Chemnitz)*, Mathias Lindner *(Chemnitz)*, Dr. Herbert Loebl *(Newcastle, England)*, Dr. Torsten Lorenz *(Berlin)*, Barbara Ludwig *(Chemnitz)*, Lovro Mandac *(Kaufhof Warenhaus AG)*, Prof. Dr. H. Merkel *(KarstadtQuelle AG)*, Dr. Zbigniew und Izabela Miklewicz *(Szczecin, Polen)*, Thomas Morgenstern *(Chemnitz)*, Steffi Mornhinweg *(Chemnitz)*, G. Mühlbach *(Chemnitz)*, Prof. Dr. C. Wolfgang Müller *(Berlin)*, Uwe Müller *(Chemnitz)*, Ralf W. Müller *(Chemnitz)*, Ingolf Müller *(Chemnitz)*, Peter Naujokat *(Chemnitz)*, Fritz Neubauer (Bielefeld), Neue Sächsische Galerie Chemnitz, Marga Neumärker *(Chemnitz)*, Dr. Jürgen Nitsche *(Chemnitz)*, Hans Nord (USA), Museum für Naturkunde Chemnitz, Vera Peck *(England)*, Susann Pietzsch *(Chemnitz)*, Siegfried Reichel *(Chemnitz)*, Dankhard Remmler *(Chemnitz)*, Ilse Rewald (Berlin), Ingrid und Dr. Gert Richter *(Chemnitz)*, Eberhard Richter *(Chemnitz)*, Heike Richter-Beese *(Chemnitz)*, Dr. Werner Rohr *(Chemnitz)*, Christian Rolle *(Chemnitz)*, Wolf-Dieter Roß *(Chemnitz)*, Dr. Ronny Rößler *(Chemnitz)*, Siegmund Rotstein *(Chemnitz)*, William Rudolf *(New York, USA)*, Hildegard Rülke *(Chemnitz)*, Bernd Ruscher *(Chemnitz)*, Liane Sachs *(Chemnitz)*, Gerardo und Hanna Sachs *(Argentinien)*, Michael Sachse *(Chemnitz)*, Sächsisches Staatsarchiv Chemnitz, Schloßbergmuseum Chemnitz, Inge Schmidt *(Stuttgart)*, Waltraut Schmidt *(Rößnitz/Vogtland)*, Sieglinde Schmieder *(Ottendorf)*, Dr. Stephan Scholz *(Chemnitz)*, Barbara Schönicke *(Prenzlau)*, Werner Schulze *(Chemnitz)*, Sabine Schumann *(Chemnitz)*, Kerstin Seliger *(Chemnitz)*, Justin Sonder *(Chemnitz)*, Irmingard Spangenberg *(Chemnitz)*, Stadtarchiv Amberg, Stadtarchiv Annaberg, Stadtarchiv Bamberg, Stadtarchiv Chemnitz, Stadtarchiv Erfurt, Stadtarchiv Gera, Stadtarchiv Nürnberg, Stadtarchiv Prenzlau, Stadtarchiv Stralsund, Stadtarchiv und Stadtbibliothek Schweinfurt, Stadtbibliothek Chemnitz, Antoni Taczanowski *(Międzychód, Polen)*, Steffen Thieme *(Chemnitz)*, Gotthard Thümer *(Chemnitz)*, Albert U. Tietz *(USA)*, Barbara Trettner *(Anne-Frank-Shoah-Bibliothek, Deutsche Bücherei Leipzig)*, Dr. Christiane Unger *(Berlin)*, Susanna Vendel *(Schweden)*, Gabriele Viertel *(Chemnitz)*, Volkshochschule Chemnitz, Undine Völschow *(Bundesarchiv Berlin)*, Stefan Weber *(Chemnitz)*, Stefan Weingart *(Chemnitz)*, Werner Wendisch *(Chemnitz)*, Dr. Robert Zink *(Bamberg)*, Dr. Helga Zwillenberg *(Schweiz)*.

Publikationen aus dem Verlag Heimatland Sachsen

Adolf Diamant, Gestapochef Thümmler – Verbrechen in Chemnitz, Kattowitz und Auschwitz.
Die steile Karriere eines Handlangers der nationalsozialistischen Morde und Vergehen gegen die Menschlichkeit. Berichte – Dokumente – Kommentare. 149 S., Chemnitz 1999.
ISBN 3-910186-23-8

Adolf Diamant, Gestapo Chemnitz und die Gestapoaußenstellen Plauen i. V. und Zwickau.
Zur Geschichte einer verbrecherischen Organisation in den Jahren 1933-1945. Dokumente - Berichte - Reportagen. 802 S., Chemnitz 1999.
ISBN 3-910186-22-X

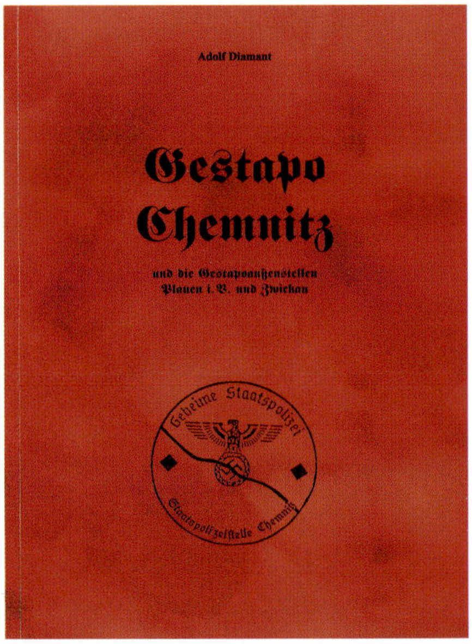

Ralf W. Müller, Künstlergruppe Chemnitz 1907-1933.
128 S., Chemnitz 2003,
2. Auflage Chemnitz 2004.
ISBN 3-910186-45-9

Neue Synagoge Chemnitz,
Festschrift zur Einweihung der Synagoge und des Jüdischen Gemeindezentrums Chemnitz,
Herausgeber: Die Jüdische Gemeinde Chemnitz und Förderverein Bau der Synagoge Chemnitz,
96 S., Chemnitz 2002.
ISBN 3-910186-37-8

Flitterroben.

Diener-Garderobe.

Tietz-Warenhaussortimente, um 1900.